Karlfried Graf Dürckheim

Von der Erfahrung der Transzendenz

HERDER / SPEKTRUM
Band 4196

Das Buch

Das Einswerden des Menschen mit seinem innersten Wesen ist das Sprungbrett in eine Wirklichkeit, in der ein neues Leben anfängt. Immer mehr Menschen wollen sich heute auf diesem Wege der Urerfahrung der Transzendenz öffnen. Das ist der Grundgedanke dieses Buches, in dem Karlfried Graf Dürckheim, der bedeutendste abendländische Vermittler meditativer Praxis aus Ost und West, die geistig-spirituellen Grundlagen für seine Initiatische Therapie entfaltet. In der Hektik unseres technischen, vielfach von der Ratio bestimmten Zeitalters entdeckt er hoffnungsvolle Anzeichen für eine Begegnung mit dem wahren, überweltlichen Wesen des Menschen. Hier liegt für ihn die Möglichkeit zur Befreiung von der Angst vor dem Tod, vom Zweifel am Sinn des Lebens und von der Trostlosigkeit der Einsamkeit. Ein Buch, das dem Menschen hilft, zu seinem Wesen und damit zur Reife zu gelangen. „Für Leser, die für ihren Lebensweg spirituell vertiefte Weiterentwicklung suchen“ (Das neue Buch).

Der Autor

Karlfried Graf Dürckheim, 1896–1988. Studium der Philosophie und Psychologie. 1932 Professor für Philosophie an der pädagogischen Akademie und Dozent der Universität Kiel. 1937 bis Kriegsende in Japan, Begegnung mit dem Zenbuddhismus. Seit 1948 im Kreis seiner Mitarbeiter in Todtmoos-Rütte (Schwarzwald) psychotherapeutisch tätig. Gemeinsam mit Dr. Maria Hippius Aufbau des Zentrums für Initiatische Therapie. Zahlreiche Veröffentlichungen. In Herder/Spektrum: „Mein Weg zur Mitte. Gespräche mit Alphonse Goettmann“ (Band 4014); „Das Tor zum Geheimen öffnen“ (Band 4027); „Vom doppelten Ursprung des Menschen“ (Band 4053); „Meditieren – wozu und wie. Die Wende zum Initiatischen“ (Band 4158).

Karlfried Graf Dürckheim

Von der Erfahrung der Transzendenz

Herder
Freiburg · Basel · Wien

Neuausgabe Verlag Herder 1993
Herstellung: Freiburger Graphische Betriebe 1993
Umschlaggestaltung: Joseph Pölzelbauer
Umschlagmotiv: Georgia O'Keefe, Rote Hügel, George-See,

ISBN 3-451-04196-0

Maria Hippius gewidmet

Ihre Erfahrung immanenter Transzendenz
hat sowohl in ihrem Lebensschicksal
als auch im Aufbau der
Bildungs- und Begegnungsstätte
Todtmoos-Rütte,
insbesondere in der sorglichen Heranbildung
zahlreicher Mitarbeiter,
sichtbaren Ausdruck gewonnen.

Durchlässig geworden für das Wesen
wird der Mensch
zum Zeugen des Überweltlichen
in der Welt

Vorwort

Es ist ein Kennzeichen unserer Zeit, daß immer mehr Menschen sich der Erfahrung der Transzendenz öffnen, vor allem der ihnen immanenten Transzendenz ihres Wesens. Sie erfahren ihr Wesen als die Weise, in der ein überweltliches Sein in ihnen anwesend ist und in ihnen und durch sie manifest werden möchte in der Welt. Man nannte dies früher eine mystische Erfahrung, die von der Theologie im Verein mit der Naturwissenschaft als Unwirkliches erfahrend nicht immer ernst genommen, wenn nicht abgewiesen wurde. Heute ist es gerade die Naturwissenschaft oder, richtiger gesagt, der Naturwissenschaftler, der an den Grenzen seines die Weltwirklichkeit meisternden Denkvermögens vom Überweltlichen berührt wird und das auch bekennt. Die Erfahrung der Transzendenz ist nicht mehr vom wissenschaftlichen Denken ausgeschlossen, sondern dieses erfüllt sich letztlich an den Grenzen seiner Möglichkeiten in ihr.

Darüber hinaus waren und sind es vornehmlich vier Bereiche, in denen der Mensch zur Erfahrung des Überweltlichen gelangen kann: Die große Natur – die Stille des Waldes, der gestirnte Himmel; die große Kunst – wer hat nicht in der Musik schon einmal etwas erfahren, wo das Wort „schön“ nicht mehr zureicht, weil das, was er erlebt, tiefer ist als Worte es zum Ausdruck bringen können; die Erotik – in der den Menschen in eine auch physisch größere Weite seiner Aura rufenden Zärtlichkeit; und endlich der religiöse Kult für jeden, für den er nicht nur ein ihm bekanntes äußeres Geschehen ist, sondern zu einer inneren Begegnung mit dem uns immanenten Christus wird.

Die Erfahrung der uns immanenten Transzendenz ist der Sinn jeder geistlichen Übung, die diesen Namen verdient, so jeder echten Meditation. Vorbereitung zu dieser Erfahrung des Menschen, der die Begegnung mit der Transzendenz sucht, ist die Überwindung bzw. das Fallenlassen des auf sein Bestehen in der Welt bedachten Ichs zugunsten der erfahrbaren Präsenz der Tiefe des eigenen überweltlichen Wesens. Diese Erfahrung und die Verwurzelung des Menschen in seiner Wesenstiefe setzt die Befreiung von der Herrschaft des nur auf sein Bestehen in der Welt bedachten Ichs voraus oder im Tun die Vollendung eines Könnens, das die Beteiligung des noch „machenden“ Ichs überflüssig macht. In diesem Sinn ist die von Japan kommende Erkentnis von Bedeutung: „Eine vollendete Technik erfüllt ihren Sinn nicht nur in der durch sie ermöglichten wunderbaren Leistung, sondern in einem Schritt voran auf dem inneren Weg.“ So enthält jedes wirklich gekonnte Tun in der Welt die Chance, in der Freiheit von einem noch mittuenden Ich das Überweltliche zu erfahren.

All dies bringt nur dort eine Erfüllung und wird zu einem Geschenk des göttlichen Seins, wo der Mensch durchlässig geworden ist für sein Wesen und wo sein Haben, Können und Lieben Ausdruck wird der Fühlung mit ihm. Was immer in der Welt zu tun möglich ist, kann zur Gelegenheit dieser Fühlung werden, wenn nur unser Sinn darauf gerichtet ist. So ist auch der japanische Satz zu verstehen: „Jede Situation ist die beste aller Gelegenheiten.“ Nicht nur ein Ungewöhnliches, das uns zustößt, ist die Quelle transzendentaler Erfahrung, sondern die Weise, wie etwas – was immer es sei – uns anspricht und von uns aufgenommen wird. Die Tiefe des Erlebens hängt nicht am Erlebten, sondern an unserer Einstellung, die auch die von außen gesehen banalste Handlung zu einem religiösen Erlebnis verwandeln kann.

Man darf sagen, daß unsere Zeit, die an so vielen Stellen das Menschliche im Menschen mit einer Vernichtung bedroht, gleich einer heilsamen Gegenbewegung gegen diese Gefährdung immer mehr Menschen, vor allem auch Jugendliche, für eine Erfahrung der Transzendenz bereit macht. Wenn heute Meditation in den verschiedensten Formen, vor allem aber in der Form des Za-Zen, in immer größerem Umfang in der westlichen Welt ihren Einzug hält, so bedeutet dies eine gerade durch die Mechanisierung des Lebens im Menschen wachsende Sehnsucht und Bereitschaft, mit dem Überweltlichen in Fühlung zu kommen. Dabei ist es bemerkenswert, daß diese Fühlung sich nicht nur im Interesse am Ungewöhnlichen äußert, sondern für den einmal zu dieser Sehnsucht Erwachten oft der Alltag selbst zu einer unerschöpflichen Quelle transzendentaler Erfahrung werden kann. So wird nicht nur die geistliche Übung, sei es Meditation oder anderes, zum Medium transzendentaler Erfahrung, sondern auch der Alltag dort, wo er vom Menschen ständige Wiederholung fordernde und damit die Ausschaltung des fixierenden Ichs ermöglichende Handlungen bringt.

Immer aber ist die Voraussetzung für die Präsenz des Überweltlichen in der Welt eine besondere Veranlagung des Menschen, eine bestimmte Hellhörigkeit und Fühlung für seine Wesenstiefe und, allgemein gesprochen, für das Sein im Dasein aller Dinge der Welt. Fast könnte man sagen, die Menschen sind mehr oder weniger dazu veranlagt, ihre und der Welt Wesenstiefe zu vernehmen und auf sie zu reagieren. Menschen von großer Güte können seinstaub sein, während umgekehrt bis zum Unmoralischen hin gefährdete Menschen durchaus seinsoffen sein können. Beispiel dafür sind viele große Künstler. Die Fähigkeit zur Seinsfühlung garantiert nicht den guten Menschen. Eins aber ist gewiß: die Tiefe und der Reichtum des Lebens öffnen sich nur dem, der fähig ist zur Fühlung des überweltlichen Seins in allen Formen seines weltlichen Daseins.

Todtmoos-Rütte, im Juni 1984 *K. Graf Dürckheim*

Inhalt

I

Religiöse Erfahrung – Voraussetzung fruchtbaren Gesprächs

Die Fruchtbarkeit eines Gespräches zwischen Theologie, Religionswissenschaft und Tiefenpsychologie kann sich nie auf der Ebene rein sachlicher Dialoge einstellen, sondern nur aus der personalen Begegnung ihrer Vertreter. Die sie verbindende Komponente kann aber nichts anderes sein als eine ihnen gemeinsame religiöse Erfahrung und eine in dieser Erfahrung für alle in gleicher Weise gültige Verheißung und Aufgabe. Das Sich-Begegnen im Zeichen einer so verpflichtenden Erfahrung und des von ihr geforderten inneren Weges wird sich auch als die einzig fruchtbare Grundlage für den Erfolg aller ökumenischen Bemühungen erweisen. Theologie und Religionswissenschaft verlieren in unserer Zeit an Geltung und Anziehungskraft, weil in ihnen der Bezug zur Urerfahrung des Göttlichen nicht mehr oder noch nicht gegenwärtig ist. Ohne diesen Bezug büßen sie aber ihre menschliche Fruchtbarkeit ein.

Vor Jahren kam ein Student der Theologie zu mir mit folgender Eröffnung: „Es gibt etwas, wodurch man sich als Student der Theologie verdächtig machen kann: wenn man in den Geruch kommt, fromm zu sein!“ Ich habe in den letzten Jahren einige hundert Priester persönlich kennengelernt. Gemeinsam ist ihnen die Not als Folge einer theologischen Erziehung, die ihnen eine vorwiegend formale Bildung gegeben hat, aber an ihren innermenschlichen Nöten und Problemen, an ihrem Auftrag zu einem menschlichen Reifen auf der Grundlage eines Ernstnehmens ihrer innermenschlichen Problematik und ihrer religiösen Erfahrung vorbeigegangen ist. Kein Wunder – nicht nur der Priester, auch die Vertreter der anderen für den Menschen verantwortlichen Berufe, der Arzt und der Erzieher, hörten in der Regel, jedenfalls bis vor kurzem, während ihres Studiums an der Universität kaum eine Vorlesung über den Menschen. Mit dem „lebenden Leichnam", dem zukünftigen Leistungs- oder Glaubensträger, vor Augen, kommt der Mensch und das Menschseinkönnen noch nicht ins Blickfeld. Und die Entwicklung, die immer mehr die Verleugnung des Eigentlichen im Menschen, seine Seele, fordert, ist noch keineswegs abgeschlossen. Das Studium der Psychologie wird immer naturwissenschaftlicher. Der Diplom-Psychologe nimmt heute außer einem Schnelltraining in sogenannter Gesprächstherapie kaum etwas mit auf den Weg, das ihn befähigte, sich selbst und seine Mitmenschen psychologisch zu verstehen oder ihnen helfen zu können; es sei denn, daß er etwas Tiefenpsychologie hörte, die erst langsam ihren Eingang in die Universitäten findet. Es ist dabei bezeichnend, daß die Psychologie C. G. Jungs, die die transzendente Wirklichkeit, die uns in der Qualität des Numinosen anrührt, ernst nimmt, am wenigsten zu Wort kommt.

Es ist bei dieser Lage bedauerlich, daß allein das Staatsexamen des Mediziners oder der „Diplom-Psychologe" als Voraussetzung für die Ausbildung zum

Psychotherapeuten genügen. Beide haben es kraft ihres naturwissenschaftlich geformten Geistes besonders schwer, an die den Menschen bewegenden und zur Person befähigenden Erfahrungen und Kräfte heranzukommen. Bringt nicht schon jeder Priester mit einigen Jahren Erfahrung in der Seelsorge und Beichte mehr Rüstzeug mit als sie? Erst die tiefenpsychologische Schulung, die Analyse und neuerdings die Gestalt-Therapie bringen den „Psychologen“ und den Arzt zur Begegnung mit der naturwissenschaftlich nicht faßbaren personalen Realität des Menschen. Aber selbst hier überschreiten sie selten genug die Schwelle, jenseits deren erst der Kern der personalen Wirklichkeit liegt: „das Wesen – als die Weise, in der ein überweltliches göttliches Sein in uns anwesend ist und in uns und durch uns offenbar werden möchte in der Welt“.

Dieses Wesen meldet sich heute mit Macht und läßt immer häufiger die Mauern einstürzen, in die der Rationalismus den Menschen eingesperrt hat. Daß dies Wesen so in Vergessenheit geriet, ist auch Schuld einer Theologie, die den Menschen als erlebendes, das Leben und auch das göttliche Sein erfahrendes Subjekt als „nur subjektiv“ übersah. Statt sich um seine tiefsten religiösen Erfahrungen zu bemühen, begnügte sie sich „moraltheologisch“ mit einer Ethik des Wohlverhaltens. Wer sich „wohl“ verhält, gute Werke tut und glaubt, gilt als recht, ganz gleich, wie es in ihm selbst hinter der rechten Fassade aussieht und wie sehr es ihm noch an Reife ermangelt. Ob er neurotisch ist, von verdrängten Trieben und Wünschen besessen, geht niemanden etwas an. Kollegien aller Art, religiöse Kommunitäten, Klöster, Bruderschaften – Gemeinschaften mit dem Anspruch geistlich fundierter Kollektive – sind oft Pflanz-, Brut- und Bewahrungsstätten von Schattenkräften. Erich Neumann hat überzeugend dargelegt, daß jede Gemeinschaft, die von ihren Gliedern eine gewisse Einklammerung ihrer Individualität fordert, Schattenkräfte erzeugt. Das ist insbesondere dort der Fall, wo Richtlinien der Maßstab personalen Wertes sind, die das äußere Verhalten und die sichtbare Leistung im Rahmen der „Gemeinschaft" höher schätzen als alles, was innerlich wächst. Dabei wird verdrängt, was mit den objektiven Normen des Verhaltens in Konflikt bringt. So bleiben die Schattenkräfte eingesperrt. Die Folge ist eine weitgehend unwahre und vergiftete Atmosphäre, die unerträglich wäre, gäbe es nicht immer wieder einzelne Ordensmitglieder, Vorgesetzte oder Kollegen, die echte Menschen sind und kraft ihrer persönlichen Gottes- oder Christuserfahrung, ohne viele Worte, reinigend, versöhnend, befreiend, am Ort und am Werk wären.

Der Kern der Ausbildung von Theologen, Psychologen und Religionswissenschaftlern müßte initiatischen Charakter haben, das heißt, ihr zentraler Sinn müßte es sein, „das Tor zum Geheimen zu öffnen" (= initiare). Das Geheime, das sind wir selbst in unserem Wesen, das in den Ordnungen unseres Welt-Ichs eingesperrt ist. Es ist die uns immanente Transzendenz, der uns innewohnende Christus. In dem Maße aber, als dieser unser Wesenskern verdrängt und nicht zugelassen wird, sich nicht entfalten kann, bedroht er die schöne Fassade des nur auf Selbsterhaltung, rationale Höchstleistung und Wohlverhalten bedachten modernen Menschen. Er bedroht den Menschen von innen als sein Kernschatten.

Aber wer von unseren Theologen und Religionswissenschaftlern weiß etwas vom Schatten? Der Schatten ist das Insgesamt der zur Ganzheit des Menschen gehörenden, aber nicht zur Verwirklichung gelangten Lebenspotentiale, Lebenstriebe und Lebenswünsche. Dazu gehören insbesondere die nicht zugelassenen Entfaltungswünsche aus dem Wesen und die nicht zugelassenen Aggressionen gegen die uns kränkende und bedrohende Welt. Die Befreiung von diesen im Unbewußten ihr Unwesen treibenden Schattenkräften ist eine Purificatio, aber nicht durch Abtötung, sondern durch Befreiung und Verwandlung von gestauten Energien zu fruchtbaren Kräften der Person.

Für die Befreiung der in den Schattenkräften gestauten Energien kann sich nur der interessieren, für den Selbsterhaltungskraft, Leistungsvermögen und Wohlverhalten nicht das Höchstziel menschlicher Entwicklung bedeuten, sondern der darüber hinaus die Ganzheit der Person im Sinn hat, d. h. jene Verfassung des personalen Menschseins, durch die das Wesen, die Weise, in der Christus in uns ist, als das uns auf je unseren Weg rufende Wort, hindurchtönen kann. Nur so können wir in unserer Weise, das Leben zu erleben und unsere Welt zu erkennen, zu lieben und zu gestalten, seine lebendigen Zeugen sein. Um die Bedingungen zu schaffen, unter denen diese Verfassung zustande kommen kann, bedarf es der Bereinigung des Unbewußten, nicht durch Verleugnung der Schattenkräfte, sondern ihre Integrierung. Dazu genügt aber keineswegs die Explosion aggressiver Impulse und das nackte Hervorkommen verdrängter primitiver Wünsche und Triebe, worauf sich manche sogenannten Selbsterfahrungsgruppen heute beschränken, wiewohl dies ein wichtiger Anfang ungeschminkter Selbsterkenntnis sein kann. Entscheidend ist vielmehr die Fähigkeit zum Wahrnehmen des zur Schattenkraft gewordenen Wesens, jener geheimnisvollen, unser Welt-Ich bedrohenden Macht, die uns existentielle Angst-, Schuld- und Einsamkeitsgefühle bringt, für die von außen gesehen nicht der geringste Grund vorliegt, in denen sich aber leiderzeugend unsere Abgeschnürtheit von unserer einzigen wahren Lebensquelle zeigt.

Vom Wesen der Quelle wüßten wir nichts, wenn sie uns nur als bedrohende Schattenkraft berührte. Sie berührt uns jedoch auch beglückend und befreiend in den Sternstunden unseres Lebens in Augenblicken tiefsten Erlebens, in Seinserfahrungen und Seinsfühlungen; in mystischen Erlebnissen, in denen das Tor zur anderen Dimension, zu dem „Reich, das nicht von dieser Welt ist", aufgeht – für einen Augenblick nur, aber oft genügend, um an der Realität der uns hier anrührenden Wirklichkeit nicht mehr zu zweifeln – es sei denn, es gelänge erfahrungsfernen Vertretern des Glaubens oder glaubensfernen Trägern der Naturwissenschaften, der sogenannten „Erfahrungswissenschaften", den Zweifel in unser Herz zu säen. Und zwar wie? Einfach durch den Hinweis, das alles sei doch nur „subjektiv". In diesem Begriff spiegelt sich die ganze Tragödie des abendländischen Geistes – die Schattenseite seiner lichten Welt: der hohen Wissenschaft, der Philosophie, der Kunst, der Technik, der alles durchleuchtenden Ratio – der ganzen Welt des objektiven Geistes mit seiner Vorstellung einer Wirklichkeit, die „objektiv" ist, d. h. unabhängig vom menschlichen Erleben – eine ontologisch begriffene Wirklickeit, für die es im Grunde genommen keine Töne gibt, sondern nur Wellen, keine

Gefühle, sondern nur hormonale Prozesse, keine sinntragenden Gebärden, sondern nur meßbare Verhaltensweisen, keine Tiefe der meditativen Versenkung, sondern Alpha-Wellen etc. So aber entbehrt jeder in der Welt vernommene Ton, der wie jedes Wort nur im Gehörtwerden seine Wirklichkeit hat, aller Wirklichkeit! Das ist doch heller Unsinn, aus dem kein anderer Weg herausführt als die klare Unterscheidung zwischen zwei Wirklichkeiten: der, die dem rationalen Zugriff begrifflich faßbar und fixierbar ist und als unabhängig von unserem Erleben vorgestellt wird, und der Wirklichkeit des Menschen als erlebendes Subjekt, in der die Wirklichkeit eines Erlebten in dem besteht, was es für den Erlebenden bedeutet. Wohl faßt der Mensch die erlebte Wirklichkeit in den objektivierenden Kategorien von Raum und Zeit, Identität und Kausalität, aber die objektiv feststellbare, meßbare und erklärbare Wirklichkeit ist nicht die, in der er lebt, leidet, sucht, glücklich wird, scheitert oder sich erfüllt. Die in dieser Wirklichkeit herrschende Ordnung hat ihren letzten entscheidenden Maßstab in der Tiefe des erlebten Unbedingten, das alle Not im raumzeitlich Bedingten aufhebt. Dieses ist aber eine erfahrbare Wirklichkeit, zwar unzugänglich für das Mikroskop, aber offen für den von ihr Berührten in der Tiefe des menschlichen Gemütes.

Von dieser Wirklichkeit, die immer eine Begegnung ist, also gerade jene Form der Wirklichkeit, die für die Naturwissenschaft nicht existiert, spricht auch die Heilige Schrift. Aus ihr heraus hat Jesus gelebt und um ihretwillen ist er gestorben; in ihr allein können wir unser Menschsein ganz erfüllen. Und die ernstgenommene Erfahrung dieser Wirklichkeit ist es, die Theologie,

Religionswissenschaft und Tiefenpsychologie, richtiger gesagt, ihre menschlichen Vertreter, in ein fruchtbares, d. h. sich wechselseitig befruchtendes Gespräch bringen könnte. Verhärtete Interpretationen ursprünglicher Gotteserfahrungen könnten sich in lebendigen Bezeugungen auflösen, Exegese besänne sich überall auf die eigentliche und einzige Wurzel gültiger Deutung, Religionswissenschaft sowohl in ihrem geschichtlichen als auch phänomenologischen Aspekt gewönne ihre entscheidende Voraussetzung allen Verstehens; die Tiefenpsychologie müßte für die Theologie wie für die Religionswissenschaft eine unabdingbare Hilfswissenschaft werden, indem sie dem Theologen und dem Religionswissenschaftler helfen könnte, ihm den Weg zu Erfahrungen zu ebnen, ohne die ihr Tun letzter Gültigkeit ermangeln muß. Dazu aber müßte die Tiefenpsychologie selbst zu einer echten Hilfe auf dem Wege zur vollen Selbstverwirklichung werden. Sie dürfte also nicht bei der Befreiung des natürlichen Menschen haltmachen, sondern müßte im Ernstnehmen und der Integration auch des Kernschattens, im Ernstnehmen von Seinsfühlungen und Seinserfahrungen, das Tor zur Übernatur öffnen.

Zur tiefenpsychologischen Arbeit, deren Aufgabe es ist, die Widerstände und Barrieren auf dem Weg zum Wesen erkennen zu lassen und beseitigen zu helfen, muß hinzukommen die Übung, das exercitium ad integrum. Das bedeutet vor allem die Übung meditativer Praktiken, gipfelnd in einem meditativen Leben. Das Ziel von Meditation und meditativem Leben wäre dabei aber nicht das Eindringen in den tieferen Sinn eines Bildes oder heiligen Textes auf dem Weg der Betrachtung, sondern die Verwandlung des ganzen Menschen zur Transparenz. Der Sinn der Meditation und aller meditativen Übungen wäre dann Transparenz für die uns und allen Dingen immanente Transzendenz. Der Sinn dieser Verwandlung wäre der Mensch, der die Wände durchbrochen hat, die die Welt seines natürlichen Ichs umfrieden und abschirmen. Er muß gelernt haben, seine Fassade fallen zu lassen, um seinem Kernschatten – seinem verdrängten Wesen – zu begegnen. Es muß für ihn vernehmbar werden und hervorkommen können in seinem Erleben, Erkennen und Gestalten der Welt, insbesondere aber in der Weise, in der er selbst seinem Wesen gemäß Gestalt werden kann. Diese Verwandlung beträfe nicht nur sein Verhalten in der Welt, sondern sein personales Sein.

Solche Verwandlung des Menschen müßte auch der Sinn einer theologischen Bildungsarbeit sein, die als Moraltheologie sich nicht in einer Askese erschöpfte, die in einem ethischen Wohlverhalten gipfelt, sondern, dem Sinn des „metanoeite" entsprechend, die große Umkehr und Verwandlung des natürlichen Menschen zum initiatischen, aus seiner Übernatur existierenden Menschen vollzöge. Die Reduktion des Bildungszieles auf das ethisch Geforderte macht den guten, gesetzestreuen Pharisäer zum Maßstab und ist in Gefahr, Christi Kreuz mit dem „Roten Kreuz" zu verwechseln.

Wo lernt der junge Theologe heute das Sterben – etwa im Abtöten der Sinne? Dieses aber erzeugt, je lebenskräftiger und sinnennäher einer ursprünglich ist, nur gesteigerte Gier, deren Verdrängung dann jene neurotisch verkrümmten Verhaltensweisen erzeugt, in denen im Gewande des „Guten" und „Wahren" sich die große Not eines verhinderten Lebens verbirgt.

So wie die Führung zur Seinserfahrung und zur Verwandlung des Menschen aus ihr heraus am Anfang aller Priestererziehung stehen müßte und die Erziehung zu einem existentiell wahrhaften Zeugen des in der Seinserfahrung erscheinenden Göttlichen, so müßte am Anfang aller Führung zum Eindringen in die Geheimnisse der theologischen Wahrheiten, aber auch der religionswissenschaftlichen Probleme, die Bereitung und Einübung des Erkenntnisinstrumentes stehen, das ihren Geheimnissen entspricht.

So gewiß alles Erkennen, das rational bestimmt ist, dies nicht vermag, so gewiß muß das erforderliche Erkenntnisorgan woanders als in den rationalen Fähigkeiten gesucht werden. Das hier gesuchte Organ sitzt – im Bilde gesprochen – nicht im Gehirn, sondern im Nacken, in der Wirbelsäule, richtiger gesagt: es ist der ganze Mensch als Geist, Seele und Leib in jener besonderen Verfassung, in der er durchlässig ist für das Vernehmen der Impulse, Anrufe und Verheißungen sowie der archetypischen Urgebärden des Lebens und Urformeln des Seins. Hier geht es vor allem um die Befreiung von der Vorherrschaft eines gegenständlich fixierenden Bewußtseins, das aller begrifflichen Erkenntnis zugrunde liegt und den Menschen allein in der Form des Erkennens festhält, die auf eine vom Erleben unabhängige, gegenständlich fixierbare Wirklichkeit zielt. So wenig die Wirklichkeit, mit der es die Theologie zu tun hat, gegenständlich fixierbar ist, so gewiß müßte sie ihre Erkenntnis und ihr „Wissen" und dessen Vermittlung auf Bewußtseinsweisen stellen, die der ungegenständlichen Natur der von ihr umkreisten Wirklichkeit entsprechen. Die Theologie bedarf wie die Wissenschaft der Religionen (sofern diese noch etwas mit der Erforschung lebendiger Religiosität zu tun hat) einer Erkenntnistheorie besonderer Art, die mit dem Ernstnehmen und Durchlichten des aus Seinsfühlungen und Seinserfahrungen gewachsenen „Wissens“ beginnen müßte. Sie müßte z. B. dem Rechnung tragen, daß der in diesem Wissen mögliche Fortschritt nicht nur auf einer Zunahme an „Können“ beruht, zu dessen Voraussetzungen auch Intelligenz gehört, sondern von einer menschlichen *Reife* abhängt, deren Größe von einer ursprünglich gegebenen, von Mensch zu Mensch verschiedenen Stufe, wie im besonderen von der Verarbeitung von Sterbe-Erfahrungen bestimmt wird.

Aber wo hört der angehende Priester, Religionswissenschaftler und Tiefenpsychologe bisher etwas von menschlicher Reife als Ziel ganzen Menschseins und als Voraussetzung für eine weise und segenbringende Ausübung seines „Amtes“? Und was bedeutet uns Reife, was gehört zu ihr?

Alles Reifen meint eine Frucht. Und so kann man von Reife als einem Fruchtbringen in dreifachem Sinn sprechen: 1. von biologischer Reife, wenn der junge Mensch fähig geworden ist, im Einswerden mit seinem Geschlechtspartner ein Drittes zu zeugen, das Kind. Das ist die Urformel allen Reifens. Aus der Einswerdung von Zwei, die anfänglich einander entgegengesetzt schienen, wird ein Drittes. So gibt es 2. auch die Reife im Bereich des objektiven Geistes des Handwerkes zum Beispiel oder der Kunst: Im vollen Einswerden des Menschen mit seiner „Sache“ kommt schließlich die Frucht als vollendetes Werk. Endlich entsteht 3. aus eigentlich menschlicher Reife, dem Einswerden des Welt-Ichs mit dem Wesen, als Frucht: der zur Transparenz verwandelte Mensch, der, wahrhaft Person geworden, Christus hindurchtönen lassen kann – ihm selbst vernehmbar, aber schöpferisch-erlösend auch hintönend in seinen Umkreis.

Es gibt keine theologische Wahrheit, die den Menschen erreichen kann, die nicht die Voraussetzung ihres Wahrgenommenwerdens und Vollzogenwerdenkönnens in einer ihr entsprechenden Aufnahmefähigkeit des Menschen hat. „Wär' nicht das Auge sonnenhaft, nie könnt' die Sonne es erblicken!" Das hier notwendige Auge oder Ohr, Riech-, Tast- oder Schmeckorgan ist aber kein zusätzlicher Sinn im gewöhnlichen Sinn des Wortes. Es ist ein übernatürlicher Sinn, der allen Sinnen einen neuen Horizont eröffnet. Fern von allem Gedanklichen und auch „Gefühligen" nimmt er das Sein in der Qualität des Numinosen wahr.

Die Ausbildung dieses Organs muß notwendig am Anfang aller initiatischen Wegführung stehen. Nur dieses Organ entmachtet den Hüter der Schwelle, der im Dienst des Welt-Ichs jeden Schritt über seinen Horizont hinaus eifersüchtig zu verhindern sucht. Dieses Organ ist das geheimnisvolle Zaubermittel, von dem die Mythen und Märchen in so vielen Abwandlungen sprechen. Es lebt in der Ahnung, der Sehnsucht nach dem großen Wunder, in dem ja immer das Gesuchte selbst der Motor des Suchenden ist.

Die Religionswissenschaft könnte, vorausgesetzt, daß der Religionswissenschaftler selbst dieses Organ hätte, wichtige Hinweise für die von so vielen Bedingungen abhängige und auf so vielen Wegen mögliche Ausbildung dieses Organes liefern. Angefangen von den das gewöhnliche Bewußtsein transzendierenden Praktiken der Priester und Medizinmänner primitiver Völker über die Erforschungen übersinnlicher Wahrnehmungs- und Wirkmöglichkeiten bis hin zu den in einem erweiterten, inständlichen Bewußtsein vorhandenen Erfahrungsgrundlagen eines vom Ich geläuterten religiösen Glaubens gibt es hier viele Schätze zu heben. Die Voraussetzung ist dabei immer, daß wissenschaftliche Forschung primär auf das bezogen ist, was den Menschen auf seinem Weg der Verwandlung zur transzendentalen Durchlässigkeit hindert oder fördert.

Ein Kernstück aller Bemühungen um den Gottes-Zeugen aber erwächst aus dem Zusammenwirken von Tiefenpsychologie und Exerzitienpraxis.

Wir sagten, daß die Fruchtbarkeit eines Dialogs zwischen Theologie, Religionswissenschaft und Tiefenpsychologie, das heißt ihrer personalen Vertreter, davon abhinge, daß eine sie im Geist verbindende Komponente da sei und daß diese in einer lebendigen Fühlung mit dem Wesen bestehen müßte; genauer gesagt, daß die Vertreter dieser drei Wissenschaften Seinsfühlungen und Seinserfahrungen in den Mittelpunkt ihres existentiellen Lebens gestellt haben und so auch die Voraussetzungen für die Fruchtbarkeit bzw. Gültigkeit ihrer Erkenntnisse und der darauf aufgebauten Praxis der Forschung und Weisung anerkennen.

Für die Tiefenpsychologie und die Fruchtbarkeit ihrer Ergebnisse für Religionswissenschaft und Theologie bedeutet dies, daß der ihr eigentümliche Vorstoß ins Unbewußte tief genug gehen muß und nicht nur an der Grenze des noch biographisch Erforschbaren und rational Faßbaren haltmacht. Erst die über Freud und Adler hinausgehende Lehre von C. G. Jung, Erich Neumann, die Daseinsanalyse von Ludwig Binswanger und Medard Boss und auch – der Idee nach – die Gestalttherapie von und in der Nachfolge von Fritz Perls, überschritten den Horizont des natürlichen Welt-Ichs und den ihm zugeordneten Schatten.

Sowohl der Theologe als der Religionswissenschaftler unserer Zeit muß verstehen lernen, daß er seinem „Amt" heute nur in dem Maße gerecht werden kann, als er das, was er erforscht hat und vermitteln möchte, selbst erfahren hat. Eigentlich sollte seit C. G. Jungs bahnbrechendem Wirken die Bedeutung der Tiefenpsychologie für Religionswissenschaft und Theologie nicht mehr umstritten sein. Sie wird aber wohl erst dann zu der ihr gebührenden Geltung kommen können, wenn sie noch entschiedener als bisher in die Tiefe des Wesens vorstößt, als Grundlage einer nicht mehr pragmatischen, sondern initiatischen Therapie, d. h. einer Wegführung, die dem Menschen die Erkenntnis vermittelt, daß er nur vom Wesen her heil und ganz werden kann. Andererseits müßten Religionswissenschaftler und Theologen selbst den „Weg" zum entscheidenden Faktor ihres Lebens gemacht haben und sich auch selbst der tiefenpsychologischen Bereinigung ihres Unbewußten, also der Begegnung mit dem Schatten, stellen.

Wer einmal Kenntnis genommen hat von der aller Bewußtwerdung des Lebens „kategorial" zugrundeliegenden Wirkkraft der Urformen und Urformeln des lebendigen Seins und von der Bedingtheit ihrer Erscheinungsweisen durch geistige Entwicklungsstufen, traditionell gebundene Kulturkanons und rassische Besonderheiten – dem wird es deutlich, wie sich im jeweiligen Götterhimmel wie in seinem dunklen Widerpart immer das eine Licht offenbart oder bricht. Der Schatten ist immer ein Licht in der Gestalt dessen, der es verstellt.

Was aber zur Ganzheit des sich erfüllenden Menschseins gehört, aber nicht hervorkommen kann, wirkt sich als „dunkle Macht" aus. So hat jeder Mensch hinter seiner von vielen Rollen bedingten Fassade seinen dunklen Begleiter, seinen Wolf oder seine Hexe, den dunklen Bruder und die dunkle Schwester, die fortgesetzt seine „Persona" Lügen strafen. Zugleich zwingen sie ihn, sich „eisern" in ihr zu behaupten, während sie sich andererseits in Impulsen kundtun, die die Persona zu sprengen drohen und dies mit mannigfaltigen Projektionen legitimieren. Verdrängte Racheakte gegen unbeantwortete Kränkungen, verdrängte Wünsche, Traumgebilde, die sie erfüllen könnten, alles, was der Mensch zuinnerst wünscht oder fürchtet, schafft in Gestalt von Projektionen, Einbildungen, Wahnvorstellungen, Utopien etc. Wesen, personifizierte Mächte, helle und dunkle, die gewähren oder vernichten können.

Alle in der Geschichte der Menschheit auftretenden Kultformen und Bilder religiösen Glaubens und Lebens spiegeln den zur Manifestation des ihm innewohnenden Seins bestimmten Menschen im Lichte der Stufe seiner Bewußtseinsentwicklung und seiner allmählich aus Urkollektiven sich hervorschaffenden Personalität, unter den jeweiligen Raum- und Umweltbedingungen verschieden aspektiert.

So spiegelte die in allen Religionen vorhandene Vorstellung einer heiligen Trinität eine Dreieinheit des Seins – seine schöpferische Fülle, seine gesetzliche Ordnung, seine allverbindende Einheit – wider, die sich in allem, was lebt, als Kraft zum Leben, als Drang zu bestimmter und stimmiger Gestalt und als Drang zu integraler Ganzheit bekundet. Diese Dreieinheit lebt in allen Menschen als Sehnsucht, Hoffnung, Verheißung.

Was sie erfüllt, erscheint als Glück oder gütige Gottheit, was ihr widerspricht, als Not oder dunkle Macht.

Dies festzustellen ist keine Psychologisierung der Religion, sondern die Anerkennung des Göttlichen in der Weise des alles, auch den Menschen Durchdringenden. Nur weil dem so ist, kann der Mensch das Göttliche erfahren. Wie er es erfährt, hängt ab von der Stufe seines Bewußtseins. Hat er sich einmal auf der Stufe des gegenständlich fixierenden rationalen Bewußtseins von dem ihm auch innewohnenden göttlichen Sein so weit distanziert, daß er seine Realität leugnet, dann ist der Augenblick – das ist heute – gekommen, in dem ihn das Sein, das er ja selbst in seinem Wesen ist, Lügen straft und ihn mit blutwarmen Erfahrungen aus der Not einer trostlosen Dürre befreit, in die seine behauptete Gottesferne ihn hineingestürzt hat.

Statt also von einer Psychologisierung der Religion zu sprechen und zu sagen, die Behauptung einer Erfahrung des Göttlichen sei hybrid und als nur subjektiv abzulehnen, sollte man umgekehrt von einer heute zu überwindenden gegenständlich fixierten Verhärtung von Interpretationen und Bildern ursprünglicher Erfahrungen sprechen, denen heute ihr Leben zurückgegeben werden muß – und in dem Maße zurückgegeben werden kann, als ihre ursprüngliche Quelle, das menschliche Herz, wieder ernst genommen wird. Damit ist aber nicht das kleine Herz gemeint, dessen Liebe darin besteht, daß es sich so anhänglich an etwas haftet und nur in der Ebene des natürlichen Ichs mitleidet und antwortet –, sondern das große Herz, in dem der Puls des Großen Lebens schlägt. Dazu ist es nötig, daß die letztlich für das geistliche Leben, seine Erkenntnis und seine Verwirklichung Verantwortlichen lernen, theoretisch und praktisch (d.h. auch bei sich selbst!) zwischen den zwei Ebenen zu unterscheiden, auf denen sich menschliches Leben unabdingbar abspielt: der natürlichen, raumzeitlich bedingten, dem Menschen zum Erkennen, Bestehen, Meistern und Gestalten aufgegebenen, und der überraumzeitlichen, die alles menschliche Können übersteigt, ihm aber aufgegeben ist zur Erfahrung, zum Gehorsam und zur Selbstverwirklichung in einem Leben, das im raumzeitlichen Dasein vom überweltlichen Leben zeugt.

Was das eigentlich bedeutet und wie das vom Menschen wahrzunehmen und in seiner persönlichen wie gemeinschaftlichen Entwicklung verfehlt oder verwirklicht wird – vor allem aber heute verwirklicht werden muß –, das festzustellen ist die Aufgabe, in der sich Theologen, Religionswissenschaftler und Tiefenpsychologen begegnen können und müssen.

Der Dialog und das Zusammenspiel von Theologen, Religionswissenschaftlern und Tiefenpsychologen müßte um den Sinn der menschlichen Existenz: der Bezeugung des Göttlichen in der Welt, kreisen. In der Theologie müßte es um die glaubwürdige und einsichtige Vermittlung des SINNES unserer Existenz gehen, und bei der initiatischen Führung um seine Verwirklichung auf dem inneren Weg; in der Tiefenpsychologie um die Erkenntnis der inneren Voraussetzungen des WEGES, und in der Religionswissenschaft um Erkenntnis und Mitteilung der Weisen, in denen in der Geschichte aller Zeiten und Zonen unserer Welt der SINN je nach Entwicklungsstufe, Charakter und geistlicher Tradition gesehen und zu erfüllen gesucht wurde. Hier zeigt sich das allen Menschen gemeinsame Gut archetypischer Bilder und Formeln, deren stufenbedingtes

Auftauchen zu den Erkenntnissen der modernen Tiefenpsychologie gehört und um die zu wissen zu den Voraussetzungen einer wesensgemäßen Wegführung durch die Theologen gehörte. Dies bedarf aber des Theologen, Religionswissenschaftlers und Tiefenpsychologen, der selbst vom initiatischen Geheimnis und Auftrag erfüllt ist, der selbst um die Sternstunden weiß aus den dunkelsten Nächten seines Lebens – Augenblicken, in denen er den großen Sprung zu tun vermochte aus der logisch, ästhetisch und ethisch wohlgeordneten Daseinsform seines natürlichen Welt-Ichs in den Abgrund eines unergründlichen Lebens, darin ihm in der Armut der Reichtum aufgeht, im Absurden der große Sinn und in der Verlassenheit und Grausamkeit der Welt die große Geborgenheit in einer Liebe, die nicht von dieser Welt ist. Aber nicht nur der, dem die Große Erfahrung geschenkt wurde, sondern auch der, den das Sein nur in leisen Fühlungen berührte, mag, wenn er auch nur ahnt, was mit der Metanoia gemeint ist und ihrem Auftrag gehorcht, auf den *Weg* kommen, der mit dem *Leben* und der *Wahrheit* gemeint ist, vorausgesetzt, daß er begriff, was ihm als Verheißung und Auftrag widerfuhr, als das Sein ihn berührte! Dann aber wird er selbst nicht mehr anders können, als den Weg auf sich zu nehmen, der dem Menschen von Urzeiten her bestimmt ist und auf dem er mit Bewußtsein und aus Freiheit wiedergewinnt, was er aus dem Zwang seiner Natur und mit seinem dem Wesen abtrünnigen Bewußtsein und dem falschen Gebrauch seiner Freiheit verlor – seine Zugehörigkeit zu dem „Reich, das nicht von dieser Welt ist".

Der „moderne Mensch" (von gestern) wird und muß solche Aussagen als Ausdruck eines wirklichkeitsfernen utopischen Gemütes werten. Wer aber die Neuzeit hinter sich gebracht hat um der neuen Zeit willen, deren Anbruch die, die „Ohren haben zu hören", heute auf sich zukommen spüren, wird sie als Zeugnis eines transzendentalen Realismus verstehen, für den die eigentliche Wirklichkeit um so deutlicher dort aufgeht, wo das raumzeitlich Bedingte am Ende ist, als er selbst die nötige Nüchternheit hatte, das, was ihm in den tiefsten Stunden widerfuhr, ernst zu nehmen.

Die Zeit ist gekommen, in der der Mensch aufhört, ein Sklave dessen zu sein, was rational erkennbar und technisch möglich ist, und damit anfangen muß, Wissenschaft und Technik in die Grenzen zu verweisen, die ihnen als Dienern an einem Leben gezogen sind, das selbst weder rational zu fassen noch technisch zu meistern ist. Ja, Theologen, Religionswissenschaftler und Tiefenpsychologen sollten zusammenkommen, nicht zum Diskutieren von Standpunkten und „wissenschaftlichen Ergebnissen", sondern zum Gespräch, zum gemeinsamen Umkreisen dessen, was sie als tiefstes Anliegen gemeinsam angeht: die Erfahrung des Seins und die in ihr uns verheißene und aufgetragene Verwandlung. Sie sollten sich begegnen zum Austausch ihrer Erkenntnisse für den inneren Weg und vielleicht sogar, auf lange Sicht gesehen, zu gemeinsamem Üben. Meditation sollte dann vor allem im Dienste der Verwandlung stehen zu jener existentiellen Transparenz, die die Voraussetzung einer für unsere Zeit fruchtbaren Theologie, Religionswissenschaft und Tiefenpsychologie ist.

Und in alledem der Sinn der Ratio? Dem der Ratio nicht mehr Zugänglichen Lebensraum zu schaffen!

II
Werk der Übung – Geschenk der Gnade

Seinserfahrung und Gnade

Die im Religiösen zukunftsträchtige Generation unserer Zeit sucht zwei Dinge wiederzugewinnen, die in Vergessenheit oder Mißkredit geraten sind: die religiöse Urerfahrung und das Exerzitium.

Wo das Glaubensleben in ehrwürdig versteinerten Formen versiegt, geht beides verloren. Heute wird es wieder gefunden, und damit öffnen sich dem Verständnis aller Grundthemen der Religion neue Horizonte. Das gilt auch für die Frage nach dem Verhältnis zwischen dem Werk der Übung und dem Geschenk der Gnade.

Wir sind heute Zeugen eines weltgeschichtlichen Ereignisses: Erstmalig öffnet sich die Menschheit des Westens dem Ernstnehmen von Erfahrungen, deren Gehalt die Grenzen des natürlichen Bewußtseins überschreitet, die also einen transzendenten Charakter haben. Erlebnisse, die bisher als Privileg besonders Begabter und Beschenkter, der Mystiker, angesehen wurden, Erlebnisse, deren Bedeutung und deren Wahrheitsgehalt nur mit großer Zurückhaltung begegnet wurde, gewinnen mehr und mehr die Achtung und Anerkennung einer Generation, die, im Zeichen technischer Entwicklung menschlich in eine Sackgasse geraten, nach neuen Wegen und Quellen der Sinngebung und Selbstverwirklichung sucht. Auch im Kreise der Verantwortlichen wächst die Einsicht, daß religiöses Leben sich nur aus den Quellen tiefster Erfahrungen erneuern kann. Ganz natürlich verbindet sich damit auch ein wachsendes Interesse an Übungen, die vielleicht die Bedingungen für die Möglichkeit solcher Erfahrungen vermehren könnten und die darüber hinaus dem, der die Übung fortsetzt, eine persönliche Entwicklung ermöglichen, die der Verheißung und Verpflichtung entspricht, die in solchen Erfahrungen gegeben sind.

In der Weise, wie das Eigenwirken des Menschen, das in der Kraft seines Willens und seiner Fähigkeiten mögliche Tun, dem Wirken der Gnade gegenübergestellt wird, als ein ihm von „ganz woanders her" zufließendes Geschenk, spiegelt sich eine bestimmte Vorstellung vom Verhältnis des Menschen überhaupt. So hat jede Religion, jede Theologie eine bestimmte Anthropologie zur Voraussetzung, deren Eigenart und Grenzen freilich oft nicht genügend bewußt sind. Es ist an der Zeit, daß die unserem religiösen Leben, insbesondere auch unserer religiösen Erziehung und Führung zugrundeliegende Anthropologie bisher scheu respektierte Grenzen durchbricht und einer Auffassung zusätzlichen Einlaß gewährt, die die bisherige Grenzziehung zwischen Mensch und Transzendenz korrigiert.

Bisher liegt der Begriff der Gnade in der Regel einer Vorstellung vom Menschen zugrunde, die auf den sogenannten „natürlichen" Menschen beschränkt ist, dessen Selbstbewußtsein und dessen ernst zu nehmende Wirklichkeitssicht allein auf der Identifikation mit seinem Welt-Ich aufruht, das aus seinem Ich-Stand immer das andere, d.h. alles Erlebte, als Gegen-Stand fixiert, und wo die Welt, insofern sie Wirklichkeit hat, als eine konzipiert wird, die sich gegenständlich gibt. Ohne Gegenstand ist das Ich gar nicht existent. Wo dem Menschen im Bewußtsein ausschließlich diese dualistische Grundstruktur zugeschrieben wird, kann auch alles, was nur der Möglichkeit nach Wirklichkeit hat, nur als ein „Gegenüber" gedacht werden. Alles andere ist notwendig „nur subjektiv". Hier kann dann auch das Wirken der Gnade ganz selbstverständlich nur im Aspekt eines dualistisch zu verstehenden Verhältnisses von Gott und Mensch gesehen werden. Aber diese bei uns vorherrschende Vorstellung vom nur ichzentrierten und damit dualistisch angelegten Bewußtseinswesen Mensch und dem damit gegebenen Verhältnis zur Transzendenz enthält nur die halbe Wahrheit und ist nicht die einzig mögliche. Sie ist vielmehr die Vorstellung, die einer bestimmten Stufe des menschlichen Geistes entspricht, einer Stufe, die von den Fortgeschrittenen unserer Zeit nicht mehr als die einzig mögliche und einzig anzuerkennende angesehen wird – mag auch die dieser Stufe zugehörige Wirklichkeitssicht immer *auch* noch von dem Menschen mitgelebt werden müssen, der im Grunde schon über sie hinausgewachsen ist und schon als für ihn maßgebend andere Erfahrungen kennt als diejenigen, in denen das, was als wirklich anzuerkennen ist, immer nur gegenständlichen Charakter hat.

Eine nicht voreingenommene Erörterung des Verhältnisses zwischen Übung und Gnade muß in jeder Betrachtung von Grundproblemen des menschlichen

Lebens davon ausgehen, daß der Mensch auf dem Weg zur Vollperson verschiedene Entwicklungsstufen durchläuft. Der entscheidende Entwicklungssprung erfolgt mit der „initiatischen" Erfahrung der immanenten Transzendenz, also mit dem Durchbruch zum „Wesen".

So müssen, wie auch im Hinblick auf andere Grundthemen menschlicher Möglichkeiten, für die Betrachtung des Verhältnisses von Übung und Gnade mindestens zwei Stufen des menschlichen Geistes unterschieden werden. Wir nennen sie die „natürliche" und die „initiatische" Stufe. Auf der initiatischen Stufe existiert der Mensch nicht allein im Hinblick auf die objektiven Inhalte – Tatsachen und Werte seiner gegenständlich wahrgenommenen Welt. Obwohl er auch immer noch in dieser Welt lebt, existiert er aus dem übergegenständlichen Gehalt von Erfahrungen, in denen er in sich selbst etwas ihn „Überwältigendes" erfahren hat, etwas, das ihn irgendwann einmal unabweislich zutiefst getroffen und ihn auf eine andere Stufe gehoben oder zumindest gerufen und damit verwandelt hat. Mit solchen Erfahrungen gewinnt der Mensch, vorausgesetzt, daß er sie ernst nimmt und ihnen treu bleibt, eine neue Stufe des Menschseins, von der her alles ein neues Gesicht und einen anderen Sinn gewinnt. So auch das Verhältnis zur Transzendenz und darin eingebettet das Problem der Gnade.

Es ist schmerzlich aber wahr, daß wir im Westen noch um die Anerkennung der religiösen Bedeutung des Durchbruchs zu einer Geiststufe höherer Ordnung kämpfen müssen, die seit Urzeiten das A und O fernöstlicher Wegführung ist und um die zu wissen auch heute noch selbstverständliches Tun der in der Tradition Stehenden, der Wissenden, ist. Ich gebe hierfür ein Beispiel aus meiner Japanzeit.

Ich besuchte – es war im Januar 1941 – den Altmeister des Shin-Buddhismus und Lehrer an der Kaiserlichen Universität Tokyo, Professor Anesaki, mit folgender Frage: „Wie spiegelt sich die Lehre des Shin-Buddhismus im *Erleben* seiner Anhänger?" Die *Lehre* geht zurück auf die Legende vom Mönch Amida, der nach unendlichen Wiedergeburten endlich die Stufe erreicht hatte, auf der er am Ende seines Lebens für immer eingehen durfte ins Nirwana. Aber an der Schwelle des Paradieses verzichtet er darauf; denn ergriffen von unendlichem Mitleid für die leidenden Menschen beschließt er, nicht eher „einzugehen", als bis die letzte der Kreaturen erlöst sei. Seither wirkt er auf Erden seinem Versprechen gemäß. Der *Kult* derer, die an ihn glauben, besteht in einer ununterbrochenen Wiederholung der großen Dankesformel „Namu amida Butsu" (Dank sei dir, heiliger Buddha). Vom Gründer der Sekte, Kobodaishi, wird gesagt, er habe sie siebzigtausendmal am Tage gesprochen. Ein im Zeichen der Bezeugung und dieser Dankbarkeit geführtes, ganz und gar von dieser Formel durchwirktes Leben läßt den gläubig Übenden hoffen, daß ihm die durch Amida gewirkte Erlösung einmal wirklich zuteil werde.

Auf meine Frage, die also weder auf die Lehre noch auf den Kult, sondern auf das Erleben des Shin-Buddhisten zielte, antwortete Anesaki ohne Zögern wie folgt: „Es versteht sich wohl von selbst, daß meine Antwort auf Ihre Frage eine grundsätzlich andere sein wird, je nachdem es sich um einen Menschen handelt, der die Seinserfahrung gehabt hat, oder um einen, der sie noch nicht gehabt hat. In diesem letzten Fall ist Amida der Name eines heiligen Mannes, der gelebt hat und der die Erlösertat für uns Menschen vollbracht hat und immer weiter vollbringt. Im ersten Fall ist Amida – ganz unabhängig davon, ob es auch der Name einer historischen Figur ist oder nicht – ein Wort zur Bezeichnung des uns innewohnenden *Prinzips,* in welchem wir niemals „nicht-erlöst" waren; und die Aufgabe des Menschen ist es, sich in immer fortschreitendem Maße dieses Prinzips bewußt zu werden und aus ihm heraus seine Weltbedingtheit zu überwachsen."

Was hier in der Aussage Professor Anesakis mit so großer Selbstverständlichkeit ausgesprochen wird, hat für den Menschen des Westens, aber insbesondere auch für den gläubigen Christen, zunächst etwas Überraschendes, wenn nicht Befremdendes. Denn könnte oder müßte er es konsequenterweise nicht so übersetzen: „Für den, der es erfahren hat, ist ‚Christus' ein Wort zur Bezeichnung des ihm innewohnenden Wesenskernes, in welchem er niemals nicht erlöst war und dessen sich bewußt zu werden – wozu Jesu Christi Lehre, Leben und Tod ihn befähigt und befreit haben – seine Bestimmung ist"? Es ist an der Zeit, daß auch wir die beiden Ebenen, von denen hier die Rede ist, ernst nehmen und lernen, auch das Verhältnis von Werk und Gnade im Hinblick auf die beiden Gesichtsfelder zu sehen, die sich hier auftun.

Wo der Mensch in seiner Ganzheit nur in seinem Welt-Ich zentriert ist, von dem her gesehen „objektive" Wirklichkeit nur hat, was er gegenständlich feststellen und begreifen kann, gerechtfertigt nur ist, was den objektiven Werten des Schönen, Wahren und Guten entspricht, und der Mensch sich schon vollendet, wo er im selbstlosen Dienst an Werk, Mitmensch und Gemeinschaft aufgeht – da leitet er das Erleben einer als Gnade empfundenen Erfahrung natürlicherweise von einem göttlichen Ursprung ab, der außerhalb alles Menschlichen liegt und ihn in einer Weise beschenkt, die nichts mit persönlichem Verdienst, eigenem Bemühen oder persönlicher Entwicklung zu tun hat. Kein Werk der Übung hat letztlich etwas mit dem Geschenk der Gnade zu tun. Auch die Tugenden – Früchte des Verzichtes und Produkte des Gehorsams gegenüber dem Gesetz – haben keinen Einfluß auf das, was der ferne und nur in seiner Ferne zugleich nahe Gott dem Menschen zugedacht hat. Freilich, etwas gibt es da noch, was für diese wie für alle Stufen zu beachten von Wichtigkeit ist: Der Mensch kann erkennen, daß und in welchem Maße er in seinem Eigensinn und Eigenwillen verstockt ist und dem Wirken der Gnade verschlossen. Und er kann sich dann auch bemühen, sich ihrem Wirken, vor allem im Gebet und in einer von Glaube, Hoffnung und Liebe erfüllten Lebenshaltung, mehr und mehr zu öffnen. Ist solches Gebet, solche Haltung, wenn sie durchgehalten werden, kein Werk der Übung? Hier gibt es also doch etwas, wo die Übung des Menschen und die ihn beschenkende Gnade aufeinander hinweisen und einander berühren.

Mit dem für unsere Zeit kennzeichnenden Ernstnehmen dessen, was uns in Seinserfahrungen aufgeht, öffnet sich das Tor zu einer erweiterten Vorstellung von dem, was zur Ganzheit des Menschen gehört, zu einer Anthropologie, die die Grenzen der bisher herrschenden überschreitet. In diesen Erfahrungen kann uns aufgehen, daß das Übernatürlich-Überweltliche nicht erst außerhalb des Menschen zu suchen ist, sondern daß der Kern des Menschen etwas ist, das ihn in seiner natürlichen, d. h. weltbedingten, Persönlichkeitsnatur überschreitet. Die den „himmlischen" Ursprung des Menschen verkörpernde, unbedingte Seite des Menschen war bisher für die meisten nur eine Sache des etwas für „wahr" haltenden Glaubens. Warum man dem, was uns in den tiefsten Erfahrungen bewegt, keine Realität zubilligte, hat viele Gründe. Jedenfalls aber wurzelt die Abwertung solcher Erfahrungen als „nur subjektiv" in der Verabsolutierung einer Sicht und Auffassung von Wirklichkeit, die, im gegenständlichen Bewußtsein wurzelnd, in ihren Kategorien und Ordnungen keinen Platz für das schlechthin Ungegenständliche hat, also eigentlich gar nicht zuständig ist zur Beurteilung von transzendenten Erfahrungen. Heute ist aber die Zeit gekommen, die hier mitspielenden Tabus zu beseitigen und als Zentrum des lebenden, leidenden, suchenden, liebenden, kurz, des wirklichen Menschen selbst ein „Unbedingtes, Übermenschliches, Überweltliches" anzuerkennen, das das Fassungsvermögen des Ichs und den Horizont seiner Weltsicht überschreitet; denn auch mit seinem Unbewußten gehört dieses Ich dem Bedingten an und ist also möglicher Gegenstand der traditionellen Psychologie. Das uns in den Seinserfahrungen von innen her ergreifende Unbedingte, das alle Ordnungen des Ichs überschreitet, sie oft genug einfach umwirft, ist aber von metapsychischem Charakter. Aber eben dies ist unser eigenes tiefstes *Wesen.* Unter dem Wesen eines Menschen ist hier also verstanden: die Weise, in der das unbedingte göttliche Sein in individueller Weise in ihm anwesend ist und in ihm und durch ihn offenbar werden möchte in der Welt. Das Welt-Ich und die Tatsachen und Ordnungen seiner Welt dagegen sind Weisen, in denen das Wesen sich, wo diese sich verhärten, ebensosehr verbirgt als im Leiden unter ihnen bekundet.

Die Erkenntnis und die Einlösung der Spannung zwischen Welt-Ich und Wesen bilden das Grundthema des menschlichen Lebens. Um es angehen zu können, muß aber das Bestehen dieser Gegensatzspannung erkannt sein.

Die Erfahrungen, mit denen das Wesen in das Bewußtsein des Menschen einbricht, sind vielfältiger Natur. Angefangen von einem vom Unerfahrenen meist nicht beachteten, von der Qualität des Numinosen erfüllten hauchzarten Angerührtsein bis hin zu den gewaltigen Einbrüchen der Transzendenz, die den Menschen schlagartig aus der Gefangenschaft seines Welt-Ichs befreien, gibt es die Seinserfahrung und Seinsfühlung in unendlich vielen Formen und Graden der Tiefe. Am eindeutigsten und überzeugendsten sind gewiß diejenigen, in denen eine der Grundnöte des menschlichen Lebens von einem Augenblick zum anderen verschwindet: die Angst vor dem Tod, die Verzweiflung am Absurden, die Trostlosigkeit der Verlassenheit. Blitzartig und unabweislich kann da etwas erfahren werden, was gar nichts mit dem zu tun hat, ja nicht von dem berührt wird, was in der Welt Tod, Sinnwidrigkeit und Verlassenheit genannt wird. Die ganz andere, hier einbrechende – besser gesagt: in uns aufbrechende – Dimension kann aber auch urplötzlich ohne alle akute Not, also nicht als Erlösung aus einer Not, sondern in unendlicher Beglückung als eine in uns aufblühende Verheißung erfahren werden. Mit einem Schlage hat alles, all das also auch, das uns als weltliche Gegenständlichkeit umgibt, einen völlig anderen Sinn, ist Erscheinungsform eines in ihr Erscheinenden, ist etwas, darin sich ein ungegenständliches Wesen verbirgt, das sich als das Unbedingte hier in einer nur bedingten Weise offenbart und zugleich verbirgt. Ebenso weiß aber auch der, der von einer Seinserfahrung beschenkt wird, fortan, daß er selbst in seinem bedingten Welt-Ich im „Grunde", d.h. in seinem Wesen, etwas ganz anderes, d.h. ein ganz anderer ist, von dem in der Welt zu zeugen aber seine eigentliche Aufgabe ist. Denn in diesen Seinserfahrungen, deren Legitimität sich in einer unverwechselbaren Qualität, in einer durch sie bewirkten Strahlung, vor allem aber in der durch sie hervorgerufenen oder eingeleiteten Verwandlung ausweist, erfährt der Mensch nicht nur eine Befreiung aus den Weltnöten seines Ichs, sondern – und das ist ein entscheidendes Kriterium ihrer Gültigkeit – eine neue Verpflichtung. Er erfährt die Geburt eines neuen Gewissens. Er vernimmt einen Ruf. Er hört wirklich das ihm „eingeborene Wort", dem er nun zu antworten hat. Dieses Erwachen zu seinem Wesen – erlebt als Befreiung vom Bann der Bedingtheiten und als Ruf und unabweisliche Verpflichtung aus einem Unbedingten – ist die „Einweihung", das *initiatische Erlebnis* in Gestalt eines Aufgehens des Tores zu dem uns innewohnenden Geheimnis. Und mit diesem Ereignis steht der Mensch auf einer anderen Stufe.

Wer einmal eine wirkliche Seinserfahrung gehabt hat und ihr entspricht, steht auf einer anderen Stufe. Er hat in der Hierarchie einen anderen Rang. Das hat nichts damit zu tun, daß wir vor Gott „alle gleich" sind und bleiben. Zu denen zu gehören, die in besonderer Weise berufen sind, ist ein Geschenk, das auch in seiner Verpflichtung mit Demut zu tragen ist. Demut bedeutet ja nicht nur, nicht mehr scheinen zu wollen, als man ist, sondern sich auch nicht für weniger geben zu dürfen, als man vom Wesen her ist und erfahren hat, insbesondere als Verpflichtung sich selbst und anderen gegenüber. Wo einem Menschen das Wesen aufgeht und ihm damit eine neue Sicht der Welt geschenkt wird („Alles Sichtbare ist ein in einen Geheimniszustand erhobenes Unsichtbares“ [Novalis]), werden die alte Sicht, die in ihr gewachsenen Ordnungen und Traditionen, den Menschen in seiner Welt und seinem Verhältnis zu Gott zu sehen, nicht einfach ausgeschaltet, sondern in einem größeren Gesichtskreis ausgelöscht und damit in einem tieferen Sinn erfüllbar. Die neue Sicht erschließt ihren esoterischen Sinn. Dieser ist ja auch, recht verstanden, nie das Ergebnis einer vertiefenden „Deutung“ gegebener Lehren und Tatsachen, die im Gewand rational verständlicher Aussagen mindestens ebensoviel verbergen wie offenbaren.

Das größte Geschenk, das dem Menschen in einer echten Seinserfahrung zuteil wird, ist ein neues Bewußtwerden. Weil und sofern er in der Seinserfahrung ein anderer wird, sieht er fortan anders und auch anderes. Die gegenständlich gegebene und ihm aufgegebene Welt hört zwar nicht auf, gegenständlich dazusein, aber in ihrer Gegenständlichkeit wird als ihr eigentlicher Kern etwas Übergegenständliches erschaut, auf das der Mensch in existentieller Weise nur ansprechen und antworten kann (reden tun heute viele darüber), wenn er es in sich selbst wahr- und ernstgenommen hat. „Wär’ nicht das Auge sonnenhaft, nie könnt die Sonne es erblicken …“ Von dem neuen Bewußtsein her gibt es auch erst den existentiellen Zugang zu höheren Welten. Sosehr auch ein Mensch sich bemühen mag, sich mit seinem natürlichen Bewußtsein zu höheren Dimensionen hinzustrecken, es wird vergeblich sein, denn alles bleibt ja doch in den Grenzen und Ordnungen des alten Gesichtsfeldes befangen. Gewinnt der Mensch aber das in seinem Wesen gegründete inständliche Bewußtsein, dann werden ihm auch die kleinsten unter den bekannten Dingen der Welt neu erscheinen, und in der Hülle des Altbekannten tut sich das Geheimnis des ewig Unbekannten auf. Das Wesensauge erschaut in der Begegnung, insbesondere in dem anderen Menschen, das Wesen im anderen. Im Innesein des Wesens wird das uns bislang allbeherrschende, aus allem einen Gegenstand machende Medium transparent. Auf dem Hintergrund seiner trennenden Funktion wird jetzt das von ihm verhüllte transzendente Wesen offenbar, das sich nunmehr im Erlebenden selber begegnet. Solange dagegen das, was als Transzendenz gesucht oder geglaubt wird, nur mit dem natürlichen Bewußtsein anvisiert wird, wird es sich immer nur in Aspekten zeigen, die den Charakter und die Ordnungen des uns von ihm trennenden Bewußtseins spiegeln. Verhängnisvoll wirkt sich das dort aus, wo die für das Welt-Ich gültige Vorstellung eines objektiv Wirklichen übertragen wird auf die Vorstellung einer vom Subjekt des Erlebenden im gleichen Sinne unabhängigen Transzendenz. Dann nämlich wird alles Erleben von Transzendenz notwendig der bloßen Subjektivität verdächtigt. Heute kommen wir dazu, Kriterien der Gültigkeit dieser Erfahrungen in ihrer besonderen Qualität, in ihrer Tiefe und ihrer Verwandlungskraft zu finden. Wenn der Mensch den Einbruch der überweltlichen Wirklichkeit erfahren, das ihn in seiner Natur Überschreitende als die ihm selbst innewohnende Weise eines unbedingten Seins gespürt, ja, als sein eigenes Lebensprinzip, sein Zentrum, sein eigenes Wesen erkannt hat, dann füllt sich ihm der Begriff Gnade mit einem neuen Sinn, und neue Aspekte tun sich auf für Fragen des Verhältnisses von Übung und Gnade. Gnade erscheint nun nicht mehr nur als ein dem Menschen von außen zufallendes Geschenk, sondern der Mensch erlebt das ihm eigene, in der Sicht des Welt-Ichs verborgene Wesen selbst als die ihm eingeborene Gnade: daß er das ist, was er im Wesen ist, daß er seiner selbst innezuwerden vermag als Kern, Verheißung und Auftrag, *das* ist gemessen an all dem, womit er sich in seinem Welt-Ich zu mühen hat, Geschenk der Gnade! Sich dieses Gnadengeschenkes voll bewußt zu werden, sich zu ihm hin zu öffnen und sich ihm gemäß und zum Dienst an dem in der Gnade anwesenden göttlichen Sein zu verwandeln wird hier die seiner Bestimmung gemäße Aufgabe. Sie zu erfüllen ist das Werk der Übung.

Werk der Übung

Auf der Stufe, die durch die Seinserfahrung betreten wird und die um diese Erfahrung und die Bezeugung des in ihr Erfahrenen kreist, bedeutet Übung etwas anderes als auf der Stufe des natürlichen Menschen. Auf dieser bezieht sich Übung immer auf eine Technik zur Erringung oder Bewährung eines Könnens im Dienst einer Leistung, die, als Tat oder Werk kraft menschlichen Willens vollbracht, auch weltlicher Beurteilung und Bewertung unterliegt. Auch ein mit viel Mühe,

Verzicht, Opferwille und Selbstdisziplin gewonnenes und gefestigtes moralisches Verhalten ist ein solches Übungsprodukt. All dieses ist integraler Bestandteil menschlichen Lebens, aber zu dem, was Gnade für den natürlichen Menschen bedeutet, gibt es von hier aus keine Verbindung. Anders steht es für den initiatischen Menschen. Hier weisen Gnade und Übung aufeinander hin, ja, berühren einander. Denn Gnade ist hier wirklich wahrgenommene Gnade nur im Vollzug der zu ihr hin und von ihr her verwandelnden Übung; und Übung ist hier ernstzunehmende Übung nur als Verwandlungsübung zu einer Verfassung, in der sich fortschreitend verwirklicht, was im Gnadengeschenk des Wesens als Verheißung und Auftrag angelegt ist: Der Mensch, der in seinem Welt-Ich und in den Ordnungen seiner Welt Zeuge wird von dem ihm eingeborenen lebendigen Wort. Die Übung hat hier ihren Ursprung, die Quelle ihrer Kraft, ihre Richtungsbestimmtheit und ihre Legitimation in der Erfahrung des uns eingeborenen Wesens, also der Weise, wie wir selbst das Göttliche in uns anwesend erfahren. Die Gnade des uns Eingeborenen erscheint als Stimme des absoluten Gewissens, das uns unabweislich zur Übung aufruft, seiner immer mehr bewußt zu werden. Weil und insofern das, was wir im Wesen *sind,* durch die Weise, wie wir im Welt-Ich Bewußtsein von etwas *haben,* am Innewerden verhindert wird, geht es für den zu seinem Wesen Erwachten nun um die Entwicklung und Festigung jenes „inständlichen" Bewußtseins, das den Menschen dem Wesen gegenüber nicht verschließt, sondern öffnet.

Das Wesen ist kein Etwas. Es kann nie Gegenstand werden. Bewußtwerden heißt hier also auch nicht, etwas gegenständlich in den Griff bekommen. Es bedeutet vielmehr: als ganzer Mensch eine Verfassung gewinnen, in der wir für das Unsagbare *offen* sind und in der „Gott wie durch ein Tor ein- und ausgehen kann" in allem, was wir sehen und tun.

Für den natürlichen Menschen erfüllt und vollendet sich das Leben im gesicherten Genuß der Freuden dieser Welt und im selbstlosen Dienst an dieser Welt, an Mitmensch, Werk und Gemeinschaft. Für den initiatischen Menschen ist dies alles nicht ausgeschlossen. Es ist aber eingeschlossen auf dem Weg zur Verwandlung zu einem Zeugen des Seins in diesem Dasein. Leben, lieben und dienen in dieser Welt sind dann Felder der Bewährung im Dienst eines höheren Seins, das nicht als geglaubte Wirklichkeit über allem schwebt, sondern präsent ist im Erfahren einer besonderen Qualität allen Erlebens, in der Gegenwärtigkeit eines überweltlichen Lebens, das jenseits ist von Leben und Tod, eines Sinnes, der jenseits ist von Sinn und Unsinn der Welt, und einer Geborgenheit, die jenseits ist von Geborgenheit und Verlassenheit in dieser Welt. Die erfahrene Dimension des Seins ist nicht nur übergegen*ständ*lich, sondern auch übergegen*sätz*lich.

Der an die Grenzen seines Menschseinkönnens gelangte Mensch unserer Zeit ist hellhörig geworden für die ihn oft mitten im Alltag aus dieser Dimension erreichende Stimme. Sie ist dann immer getragen von einer heiligmäßigen Schwebung, die uns von woanders her anspricht und ruft. Viel mehr Menschen, als wir ahnen, erfahren diese ganz plötzlich das ganze Erleben durchdringende Qualität des Numinosen, die sie aufhorchen läßt. Wenn es ihnen dann geschenkt wird – auch das ist Gnade –, wirklich hinzuhorchen und zu gehorchen, dann kann damit ein neues Leben beginnen, zumindest eine Sehnsucht geweckt werden, die dem Leben eine neue Richtung des Suchens gibt.

Es sind nicht immer nur die großen Seinserfahrungen, die in spektakulärer Weise den Menschen verwandeln, die am Anfang des initiatischen Lebens stehen. Der Seinserfahrung, die blitzartig einschlägt und das Feld des Lebens in einem neuen Licht aufleuchten läßt, steht gegenüber die andere Möglichkeit eines langsamen, in vielen Kleinerfahrungen entstehenden Hineinwachsens in die andere Ebene. Wird diese aber erreicht, dann geht es doch um einen Sprung, darin der Mensch sich seines neuen Standes *bewußt* werden muß. Mehr Menschen, als es selber wissen, gehören schon auf diese Stufe. Weil sie es aber nicht wissen und bewußtseinsmäßig in den alten Ordnungen und Begriffen gefangen bleiben, trägt das neue Lebensfeld keine Frucht. Um dies zu wissen ist wichtig in einer Zeit, darin das wohlgeordnete Leben aus den Fugen gerät. Das von soviel begrifflichen Ordnungen, sozialen Wänden und technischen Gerüsten verhinderte große Leben quillt aus allen Ritzen hervor und drängt in neuen Weisen des Bewußtseins in uns ein. Die erste Übung auf dem sich hier öffnenden Weg ist, das Organ zu entwickeln, das uns befähigt, dieses Geschehen zu bemerken und das Numinose, dieses ewige Zeichen für das Hereinspielen des ganz anderen, wahrzunehmen und ernst zu nehmen. Denn wichtiger als die in Bildern und Begriffen darbietbaren Inhalte der Religion ist diese sie umspielende und allein legitimierende Qualität des Numinosen. Die Bilder und Begriffe ändern sich mit den Jahren, aber unverwandt und unverändert tief und immer wieder in der gleichen Weise befreiend, berührt uns diese unverwechselbare Qualität, in der uns jenseits aller Bilder und Begriffe das Göttliche anspricht. Man kann sich zum Wahrnehmen und Ernstnehmen der Qualität des Numinosen üben und damit lernen, sich dem zu öffnen, der in ihr und durch sie zu uns spricht.

So sollte auch der in unserer Zeit so problematisch gewordene Religionsunterricht statt der Tendenz zum Rationalisieren und Popularisieren entgegenzukommen, umgekehrt an den Sinn für das Numinose, d. h. das unpopuläre *Geheimnis* anknüpfen. Jedes Alter hat seine spezifischen Ansatzpunkte und Vorstellungen. Das Wichtige aber ist die Qualität des Numinosen als solche. Wird sie betont, dann kann die ewige Quelle weiterfließen, ganz unabhängig von den wechselnden Inhalten und Bildern, in denen sie sich altersgemäß ertun.

Exerzitium und Wiederholung

Sosehr sich auch „Übungen" ihrem Sinne nach auf der initiatischen Ebene von aller Übung auf der natürlichen unterscheiden – einen Faktor haben sie gemeinsam: die *Wiederholung.*

Übungen auf der natürlichen Ebene dienen einem Können, sei es, daß dieses ein Werk, eine Tat oder auch eine moralische Leistung betrifft. Die Übung initiatischen Charakters dient einer Verwandlung im Sein. Mag auch dazu ein Können Voraussetzung sein, der Sinn ist immer eine personale Verfassung, deren Bedingungen zu schaffen Aufgabe des Übens ist. Immer geht es dann um die Durchlässigkeit des Übenden, um seine Transparenz für Transzendenz. Das gilt sowohl für die Übung zur Ermöglichung einer Seinserfahrung wie zur Entwicklung und Festigung der ihr gemäßen Verfassung; denn eine Erleuchtung gibt noch keinen Erleuchteten; die Übung läuft – wenn auch auf neuer Ebene – weiter.

Alles Üben besteht in der Wiederholung gleicher Vollzüge, seien sie Worte, Töne, Bewegungen u. a. In der Wiederholung wird etwas abgebaut, das der gesuchten Verfassung im Wege steht (ausgefleischt), und etwas, das sie ermöglicht, gefördert (eingefleischt).

„Wiederholung“ hat es schwer, sich als integraler Bestandteil geistlicher Übung durchzusetzen in einer Zeit, die, als Reaktion auf immer weitergreifende Manipulation durch die technisch organisierte Gesellschaft, *Spontaneität* sucht, schöpferisches Erkennen, Lieben, Gestalten, Handeln – jetzt und hier, aus dem Augenblick heraus! Wiederholung als Mittel religiöser Entwicklung hat es aber auch schwer, Anerkennung zu finden im Widerspruch zu einer Auffassung, für die das im religiösen Sinn Wesentliche in der *Einmaligkeit* des Augenblicks persönlicher Hingewandtheit zu Gott und in der Unvorhersehbarkeit seines Wirkens am Menschen wurzelt. Doch gerade die Wiederholung als Einübung bestimmter Haltungen kann dazu helfen, die Bedingungen zu schaffen, die sowohl einer Spontaneität aus der Tiefe wie dem Aufgeschlossensein für den immer einmaligen Einbruch des Göttlichen günstig sind. Und noch ein Drittes steht heute der Bereitschaft zur Wiederholung im Wege: daß alles Üben *Disziplin* erfordert. Das ist etwas, auf das eine Generation negativ reagiert, die antiautoritär bis zur Feindseligkeit gegen jede Ordnung und jede Form empfindet. Denn

Wiederholung als Prinzip des Übens bedeutet freilich: immer noch einmal etwas tun *müssen*, unabhängig von der augenblicklichen Bereitschaft oder Stimmung. Hier ist aber zu unterscheiden zwischen autonomer Disziplin, die einem freien Entschluß entspringt, darin sich der Mensch der Autorität seines eigenen Wesens unterwirft, und heteronomer Disziplin, die aus dem Gehorsam gegenüber einer äußeren Autorität entsteht. Dem Sinn der Übung, der Transparenz, dient als unmittelbares Ziel die Automatisierung eines Tuns bzw. die dadurch mögliche Ausschaltung jenes Ichs, das gegenständlich fixiert, das Gekonnte immer noch einmal macht und Sorge hat, daß es nicht gelingt. Diese drei Momente, das gegenständliche Feststellen und Festhalten, das eigenwillige Machen und die Angst vor dem Versagen stehen dem Innewerden und Wirksamwerden jener Wirklichkeit im Wege, die sich allem gegenständlichen Fixieren entzieht, nie gemacht werden kann und nur wirksam wird, wo der Mensch mit seiner Weisheit und eigenen Wirkkraft zurücktritt. Was aber geschieht dort, was wird erfahren, wo das Ich zurücktritt, ohne daß der Mensch dabei einschläft?

Am Anfang aller religiösen Kulte stehen Tanz und Gesang in Gestalt endloser Wiederholung rhythmischer Bewegungen und gleicher Tonfolgen. Solche Übungen heben die eigenständige, sich in „Positionen" haltende Daseins- und Bewußtseinsform des natürlichen Menschen auf und versetzen ihn in den besonderen Zustand eines Außersichseins. Er gerät heraus aus dem Ich, darin er sich als ein Eigener auf sich selbst gestellt hat und vom anderen absetzt, und er gerät ekstatisch hinein in ein Umfassenderes, darin er sich losgelassen und ausgelassen in beglückender Weise zugleich befreit und aufgehoben fühlt. Wie in einem Taumel trägt es ihn über die engen Grenzen seines gewöhnlichen Horizontes hinaus und schenkt ihm nicht nur den Kontakt mit einer anderen Dimension, sondern das Erleben, im Grunde in einer umfassenderen Wirklichkeit beheimatet zu sein, in die er nun heimgekehrt ist. Ist solches Erleben nur primitiv? Und nur dem primitiven Menschen zugänglich? Enthält es nicht auch etwas, das gerade den hochentwickelten Menschen, insbesondere den in rationalen Ordnungen gefangenen oder mit seinen Konstruktionen verstiegenen Menschen anzieht? Ist nicht das, was ihn in seiner vermeintlichen Eigenständigkeit hält, etwas, das ihn von der Ur-Einheit trennt, zu der es ihn, weil er ja in seinem Wesen unabdingbar an ihr teilhat, auch immer hinzieht? Um so mehr wird dies der Fall sein, als der Mensch sich von ihr entfernt. Und je mehr er sich seiner Urheimat entfremdet, um so tiefer und gewaltiger wird es ihn ergreifen, wenn er sich einmal wieder ganz „hineinlassen" kann. Dieses *Hinein* kann nun aber zweierlei bedeuten: Ein „Hinab und Zurück", also regressiven Charakter haben, oder aber ein „Hinauf und Nach-vorn", also progressive Bedeutung haben. Es kann den Charakter haben eines Verschlungenwerdens durch das große Ur, das von der Welt her gesehen ein Nichts ist, darin alle Mannigfaltigkeit verschwindet, oder ein Berührtwerden von der ungeschiedenen Fülle des Seins, die, nach Offenbarwerden in der Mannigfalt drängend, nun im Wesensglanz aller Dinge aufleuchtet. Dies ist eine zur Beurteilung religiöser Erfahrung und Übung entscheidende Unterscheidung.

Während der natürliche, noch unentwickelte Mensch sich im Zustand ekstatischen Außersichseins in eine Präsenzweise des Seins zurückfindet, die ohnehin noch sein Leben maßgebend durchwittert und speist, für ihn also noch legitimer „Aufenthalt" sein kann, kann für den entwickelten, insbesondere den initiatisch gerufenen Menschen das Verweilen im Ur einen Rückfall und eine Treulosigkeit gegenüber einer Stufe bedeuten, von der er nicht mehr zurückfallen *darf.* Aber was als Rückfall erscheint, kann auch ein „reculer pour sauter" sein; denn es gibt eben die Erfahrung der Leere im All-Einen als Wendepunkt zu einer vertieften Erfahrung des „Vielen" als Fülle. In einem Fall löst sich alle Gegenständlichkeit lediglich auf, und der Mensch wird als Bewußtseinswesen wie im besinnungslosen Rausch einfach ausgelöscht. Im anderen Fall wird zwar das Umgreifende auch als gegenstandslos erlebt und als von aller Gegenständlichkeit und Gegensätzlichkeit erlösend, aber nicht als die aller Differenzierung vorausgehende und sie wieder verschlingende Ureinheit, sondern als Erfahrung der Präsenz des All-Einen, das auch aller gegenständlich erfahrenen Weltwirklichkeit als schöpferischer Grund zugrunde liegt. In dieser Weise kann das All-Eine aber nur ins Innesein treten, wenn und insofern der Mensch die ihm widersprechende Gegenständlichkeit voll erfahren hat und sich nun bewußt von ihr trennt, ohne daß sie aufhört, der gleichsam nachzitternde Hintergrund seines jetzigen Erlebens zu sein. Dabei ist zu bemerken, daß der Mensch in sich selbst den Unterschied bzw. Gegensatz zwischen der dem Welt-Ich gegenständlich gegebenen Wirklichkeit und dem übergegenständlichen und übergegensätzlichen Wesen überhaupt nur erleben *kann,* weil und insofern er in der Rolle des registrierenden Subjektes (für das sich das eine vom anderen abhebt) als der Dritte, als Vertreter des *Ganzen,* gegenwärtig ist, das sich als das eigentlich gemeinte Selbst nur in der lebendigen Polarität von Wesen und Welt-Ich erkennt, darlebt und erfüllt. Solange er einfach nur mit der einen oder anderen Seite identifiziert ist, wird ihm keine von beiden bewußt. Hier geht es aber gerade um das Erwachen zu einer neuen Bewußtseinsstufe, in der vom potentiellen Selbst her die Präsenz der anderen Dimension, die des Überweltlichen, auf dem Hintergrund der weltlichen erfahren wird.

Auf initiatischer Ebene wird das All-Eine erfahren nicht nur als das erlösende, weibliche Ur, sondern auch in seinem männlich-schöpferischen Aspekt. Das Aufgenommen- und Aufgehobenwerden vom Ur kann erfahren werden als das Münden im Frieden der allumfassenden Großen Mutter – für eine bestimmte Stufe vielleicht das Höchsterreichbare. Für den zum Weg Berufenen bedeutet es eine ihm auch gefährliche Geborgenheit. Es gibt das friedliche Ruhen, ja das scheinbar gottbezogene Einschlafen auf dem Weg, das des Teufels, das heißt eine Leistung des Widersachers ist.

Wenn es dem Menschen in der Übung geschenkt ist, etwas von der ganz anderen Dimension wirklich zu schmecken, und er aus der Versenkung zurückkehrt, dann sind er und seine Welt verwandelt. Das Erwachen zum Tagesbewußtsein ist dann kein ernüchterndes Zurückkehren aus einer Traumwelt wie aus einem LSD-Trip, sondern eine neue Beglückung, denn die Welt selbst hat einen neuen Glanz. Er sieht sie nicht mehr nur in der flachen Erscheinungsform ihrer Gegenständlichkeit, sondern transparent auf das ihr innewohnende Wesen. Diese Schau gelingt nicht durch eine noch so differenzierende, liebevoll auf alle Einzelheiten eingehende Betrachtung der Gegenstände, wenn nicht das Auge selbst sich im Hindurch durch das Ungegenständliche verwandelt hat. Wo aber in der Dunkelheit der gegenstandslosen Leere das neue Auge aufging, tritt nunmehr im Geschauten das Wesen hervor. So führt solche Übung letztlich nicht zur Verneinung und Ausschaltung der gegenständlichen Welt, sondern dazu, sie in der übergegenständlichen „aufzuheben", das heißt praktisch, sie einzuheiligen. Und man versteht von dem hier möglichen Erleben her den Satz des fortgeschrittenen Buddhisten, daß Samsara und Nirwana im Grunde eins sind und daß, wer das noch nicht begriffen habe, offenbar noch nicht sehr weit ist. Dies ist eine allgemeinmenschlich gültige, eine bestimmte Stufe des Geistes auszeichnende Erfahrung und Erkenntnis. Erst die Entscheidung, ob der Mensch nun völlig in diesem übergegensätzlichen Sein aufgehen und endgültig eingehen soll oder aufgrund seiner bewußten Fühlung mit ihm die Welt in ihrer Gegenständlichkeit und Gegensätzlichkeit in einem vertieften Sinn erkennen, lieben und gestalten darf und soll, unterscheidet Ost und West.

In welcher Beziehung steht nun die Übung im initiatischen Sinne zur Gnade? Auch hier erweist sich Gnade als unabhängig vom Werk der Übung. Einmal ist das uns eingeborene Wesen, die Möglichkeit, seiner innezuwerden, diesem Innewerden das Tor zu öffnen und ihm Vorschub zu leisten, allem Üben vorgegeben. Zum anderen kann kein Üben, und wenn es über Jahre geht, das Erlebnis des Innewerdens oder Wirkens des Wesens, das heißt weder das Erwachen zum Wesen noch sein Wirken, erzwingen, auch nicht die Fortdauer des mit seinem Erlebtwerden verbundenen Glückszustandes gewährleisten. Auch von den größten Meistern des Zen, wie z. B. von Hakuin wird berichtet, daß er zwar viele kleine, aber nur wenig große Satori-Erlebnisse hatte.

Etwas anderes als die in einer großen Seinserfahrung erfolgende Explosion, die den Menschen für eine Weile ganz außer sich setzt, sind die kleinen Seinsfühlungen, für die der zum Wesen Erwachte sich in einem Ausmaß öffnen und offenhalten kann, daß er – nicht nur während der Übung, sondern auch im Alltag – immer öfter in den Genuß einer Wesensfühlung gelangen kann. Endlich gibt es die länger währenden Zustände der Geborgenheit im Wesen und der damit gegebenen Erhobenheit auf eine andere Ebene des Seins. Solche Dauerzustände werden den großen Heiligen zugeschrieben, aber jeder treu Übende kann damit rechnen, für kürzere oder längere Zeit in Zustände vertiefter Transparenz zu gelangen.

Keine Übung der Welt kann also die Gnadenerfahrung herbeizwingen. Was aber die Übung vermag, ist, die Bedingungen zu vermehren, unter denen die uns und allen Dingen innewohnende Transzendenz, das heißt Christus, das Wort, ins Bewußtsein treten *kann.* Und sind uns das innere Ohr und Wesensauge einmal wirklich aufgegangen, dann gibt es die Übung, sie offenzuhalten und insbesondere in der Begegnung mit dem anderen Menschen den „inneren Sinn“ zu bewähren. Das Wort: „Einander in Christo begegnen“ hört dann auf, ein leerer Spruch oder eine bloße Mahnung zu sein. Es bringt dann einfach zum Ausdruck, was wirklich geschieht, daß – wenn es erlaubt ist, dies zu sagen – sich Christus dann in zwei Menschen selber begegnet. Und dies ist die Wurzel des unermeßlichen Glückes tiefster personaler Begegnung.

Wiederholung und Meditation

Eine entscheidende Rolle spielt die Wiederholung in der Meditation dort, wo darunter nicht nur die eingehende Betrachtung eines Gegenstandes, sei es Ding, Bild oder Wort, verstanden wird, sondern eine Übung zur Verwandlung. Sinn der Wiederholung ist die Ausschaltung des gegenständlich gebundenen Ichs durch die Automatisierung seiner Funktionen. Dies ermöglicht eine Präsenz aus dem Wesen, in der sich der Mensch dem inneren Bewußtsein, das im Wesen gründet, öffnet. Auf diesem Prinzip beruht auch in der japanischen Tradition die Übung der Technik der Künste des Krieges sowohl wie die der Künstler, als Mittel zur Entdeckung und Befreiung des Wesens. Hier stellt der Übende eine vollkommen gemeisterte Technik, das heißt sein vom Ich gereinigtes Können, einer tieferen Kraft zur Verfügung, die nun bewußt wird im Glanz seines Erlebens und für ihn die meisterliche Tat vollbringt. Die Augenblicke, in denen dieses wirklich gelingt, sind auch bei großen Könnern selten und nicht voll in ihre Macht gegeben.

Spricht man im Hinblick auf solche Übungspraxis von der Entstehung eines gegenstandsfreien Innenbewußtseins, so meint man damit nichts Räumliches. „Östliche Weisheit", so sagt ein östlicher Meister, „schaut nach innen, westliches Wissen schaut nach außen. Wenn man aber nach innen schaut, wie man nach außen schaut, das heißt gegenständlich, macht man aus dem Innen ein Außen.“ Hier dürfen wir hinzufügen: Man sollte lernen, nach außen, auf die Gegenstände zu schauen, wie man nach innen schauen sollte, also ungegenständlich, im Hinblick auf ihr übergegenständliches *Wesen.* Dieses ist, das sei noch einmal gesagt, kein greifbares Etwas, sondern das, was als Antwort und Entsprechung zu einem Offensein des Menschen erfahren wird, das heißt sich in Qualitäten, Impulsen und Mächten bekundet, die die Grenzen des gewöhnlichen Ichs in wundersamer Weise sprengen.

In aller Meditation, die sich der Wiederholung bedient, hat immer der Atem eine wichtige Rolle gespielt. Der Atem ist in sich selbst eine sich ewig wiederholende Verwandlungsbewegung. Wenn man ihn nicht nur unbewußt „physisch“ vollzieht als eine Bewegung des Körpers, den man hat, sondern personal übt als eine Gebärde des Leibes, der man ist, kann er zu einem Mittel der Verwandlung zu jener Offenheit hin werden, in der dann das Wesen ins Innesein treten kann. Dann ist der Atem freilich etwas anderes als ein Einziehen und Herauslassen von Luft. Er ist im Ausatmen, verstanden als Gebärde, ein Sich-Lassen und im Einatmen ein Sich-verwandelt-Zurückempfangen. Genauer gesagt, im Ausatmen ist ein Sich-Loslassen und Sich-Hergeben, ein Sich-Niederlassen und Sich-Hingeben und endlich ein Sich-Einswerden-Lassen mit dem Grund, d. h. Sich-Aufgeben, aus dem dann der Einatem – nicht gemacht, sondern zugelassen – ein Sich-Zurückempfangen bedeutet. Der, der aus der Tiefe des Grundes wieder zu sich kommt, ist einer, der, wenn er die drei im Ausatem enthaltenen Möglichkeiten wirklich vollzogen hat, nicht mehr ganz derselbe ist, sondern im Sinn der Einswerdung mit dem Wesen durch jede Übung etwas verwandelt, d.h. etwas freier von seinem Ich, offener, etwas mehr er selbst, mehr in der Kraft, mehr in seiner Form, mehr im Kontakt. Wenn diese Übung Tag um Tag wiederholt wird und ihre Formel zu einer Formel des Lebens wird, dann ist sie ein „Werk", das dem Wirken der eingeborenen Gnade in legitimer Weise entgegenkommt. Es ist also ein Mißverständnis, wenn diese Verwandlung wirkende Übung nur als eine physische Vorübung angesehen wird, während die eigentliche „christliche" Übung erst durch die Bezogenheit auf bestimmte Glaubensinhalte zustande kommt. Vielmehr können und müssen „Glaubensinhalte" selbst im Geist dieser Formel meditiert werden, und umgekehrt wirkt diese Formel, wenn sie richtig verstanden wird, aus sich selbst bereits im Sinn des Glaubens – insbesondere, wenn sich ein Christ ihrer bedient.

Die hier gegebene Formel ist die Grundformel aller Meditiation, wann und wo auch immer sie als Verwandlungsübung gemacht wurde oder gemacht wird. Über ihre Bedeutung und Wirkkraft kann freilich nur urteilen, wer sie einige Wochen täglich wenigstens eine halbe Stunde in stiller Sammlung geübt hat, bis sie in die Grundhaltung des Alltags eingeht. Dann ist „jede Situation die beste aller Gelegenheiten", besonders freilich dort, wo der Tag Situationen mit täglich wiederkehrenden Bezügen enthält. Angefangen vom Kartoffelschälen und Geschirrwaschen der Hausfrau über die immer gleichen Arbeitsbewegungen des Handwerkers oder Künstlers bis hin zum Wiederkehrenden im Zelebrieren der Heiligen Messe ist dann die „günstige Gelegenheit" zur Bekundung der anderen Dimension gegeben. Sie wird im und durch den Übenden offenbar, ihn selbst vertiefend, beglückend und erlösend und von ihm ausstrahlend als eine segenbringende Kraft; denn wie der Atem kann die Wiederholung alles „Gekonnten" der initiatischen Vertiefung dienen, vorausgesetzt, daß sie gesucht wird. In diesem Sinn ist auch der japanische Satz zu verstehen: Damit etwas religiöse Bedeutung gewinnen kann, müssen nur zwei Bedingungen erfüllt sein: Es muß einfach sein und wiederholbar. So z. B. in der geistlichen Praxis das Gehen, das Stehen, das Singen, das Sprechen, nicht nur, wo es im Gebet, wie etwa im Jesus-Gebet oder im Rosenkranz von religiösen Inhalten erfüllt ist, ebenso aber auch der Vollzug technisch gemeisterter, sich immer wiederholender Bewegung eines Handwerkers, eines Sportlers.

Wie in der als stille Versenkung geübten Meditation, so führt auch in aller meditativ vollzogenen Handlung die Befreiung der Wesenskraft über das Erleben einer Bewußtseinsleere. Gemeint ist das Leersein von allen im Welt-Ich begründeten Inhalten, seien es Bilder, Begriffe oder auch emotionale Impulse und Stimmungen. An der Forderung, diese Leere zu gewinnen, entzündet sich leicht der Kampf um den Vorzug gegenständlicher oder ungegenständlicher Meditation. Hier aber liegt oft ein Mißverständnis vor: die Verwechslung des Unterschiedes östlicher und westlicher *Sinngebung* mit dem Unterschied zweier *„Techniken"*, die beide sowohl der einen als der anderen Sinngebung dienen können. Es gibt das Hinfinden zur Bewußtseinsleere durch das Mittel einer gegenständlichen Meditation, z. B. durch das unverwandte Fixieren eines Gegenstandes, und es gibt das rechte Hinfinden zum tiefsten Sinn aller Gegenständlichkeit, d. h. zu ihrem Wesenskern erst kraft eines vorausgehenden Durchgangs durch eine Bewußtseinsleere, in der die trennende Wand des im Gegenständlichen Fixierten und formal Erstarrten eingeschmolzen ist und das Wesen hervorkommt. Das Viele muß schweigen, damit das Eine, das nottut, spricht. Der Ton des göttlichen Seins klingt uns ja aus allem entgegen. Die Frage ist nur, ob wir das Ohr haben, zu hören, ob wir als Instrument so gestimmt sind, daß wir ihn aus allem heraushören können und er in uns widerklingt. Ein Beispiel von Meditation, die ganz bewußt auf das Leerwerden zielt, ist die Meditation im Stile des Zen. Diese Form meditativer Praxis ist uns Abendländern auch dadurch besonders auf den Leib geschrieben, daß der Leib als Medium und Tempel des Geistes eine entscheidende Rolle spielt. Die Haltung des Leibes wird selbst zum Symbol, d. h. zum zusammenfassenden Ausdruck der gemeinten Bekundung des Wesens in der leibhaftigen Gestalt des Übenden. Im Leibe (nicht nur im Geiste), jetzt und hier, in der Form der eigenen Individualität von der weltunabhängigen Präsenz des Wesens zu zeugen ist dann das Ergebnis der „ewigen Wiederholung" in einer Meditation, von der her schließlich der Alltag selbst zu einer unablässigen meditativen Praxis werden kann.

Erst auf der Stufe, die sich dem Menschen durch die Erfahrung des Seins öffnet, begreift er das Wort Christi: „Mein Reich ist nicht von dieser Welt". Denn in der Tat: Es scheint sich mit dieser Erfahrung, wenn der Mensch sich in ihr verankert, alles umzukehren. Was negativ schien, wird positiv. Was der natürliche Mensch fürchtet, wird nun angenommen und begrüßt. Was in der Tradition geheiligt erscheint, wird vielleicht überschritten. Was als moralische Forderung unbedingt erschien, wird unter Umständen in Frage gestellt. Was als Unglück bezeichnet wurde, wird als Segen erkannt. So erscheint der vom Sein Durchwirkte und nur ihm noch Verantwortliche oft nicht mehr ganz normal. Er ist aus der gewöhnlichen Welt herausgerückt, scheint ver-rückt zu sein, und das ist er ja auch!

Die gewaltigen Sätze von Christus, für den natürlichen Menschen unbegreiflich und erschreckend zugleich, werden nun erst verständlich und richtungweisend: „Ich bin nicht gekommen, den Frieden zu bringen, sondern das Schwert." „Lasset die Toten ihre Toten begraben." Oder: „Weib, was habe ich mit dir zu schaffen?" u. a. Solche Sätze fordern die unbedingte und gegebenenfalls rücksichtslose Loslösung des Menschen von seiner Gemeinschaft, vom Kollektiv. Zur bloßen Ichlosigkeit im Dienst an Mitmensch, Werk und Gemeinschaft tritt dann hinzu die Forderung nach einem tieferen Ich, das im Wesen gegründet, diesem allein treu zu sein hat und sich im Zweifelsfall über die Forderungen der Gemeinschaft hinwegsetzt und auch Leiden in Kauf nimmt, wo der natürliche Mensch sie vermeidet.

Der initiatische Mensch sieht das Wirken der Gnade nicht mehr allein dort, wo etwas eintritt, das seinen Wünschen entspricht und sein Welt-Ich beglückt oder ihn in wunderbarer Weise aus einer Weltnot befreit. Er vermutet es vielmehr schließlich immer genau dort, wo er als das natürliche Ich in seinen Erwartungen enttäuscht wird. Drohende Vernichtung, erfahrene Ungerechtigkeit und leidvolle Verlassenheit werden als Mittel des Fortschreitens auf dem inneren Weg erkannt und – im Üben des ewigen Stirb-und-Werde – auch anerkannt und angenommen. Statt nach dem Trost zu verlangen, wird das Aushalten des nicht Aushaltbaren zur Losung. In dem Maße, als der Mensch dank dem Eingehen seines Ego das Aufgehen des Wesens erfahren und sich in ihm gegründet hat, wird Leiden für ihn, statt ihn zu verbittern, zum Mittel des Reifens. Das Sich-Üben im Ertragen des Leidens ist kein heroisches Opfer mehr. Es wird zur Übung, in der das Fünklein, zur Flamme geworden, die Schlacken ausglüht und einschmilzt, die den Kristall verbergen, der nun hervortreten kann. Und im Werk der Übung selbst erfüllt sich das Wirken der Gnade.

Zusammenfassung

Die Gnade, die für den natürlichen Menschen ein Geschenk ist, das ihm von Gott-Außen zufällt, ist für den initiatischen Menschen ein ihm zur Bewußtwerdung gegebenes und aufgegebenes Gott-Innen, das Wesens-Innen seiner selbst wie aller ihm auch gegenständlich gegebenen Welt-Wirklichkeit. Während sich beim natürlichen Menschen das Werk der Übung auf eine physische oder psychische, auch moralische Leistung beschränkt, die im Wünschen und Wollen seines, auch wohlmeinenden Welt-Ichs gründet und daher nie an die göttliche Gnade heranreicht, meint das Werk der Übung für den initiatischen Menschen: sich der ihm in Gestalt seines Wesens eingeborenen Gnade bewußt und ihr konform zu werden. Konform, das bedeutet, ihrem Offenbarwerdenwollen entsprechen können, also transparent sein können, so daß er sie vernehmen kann und sie in ihm und durch ihn offenbar werden kann in seiner Welt.

Während die Bewußtseinssicht des natürlichen Menschen wegen ihrer Tendenz zum Feststehenden und Überdauernden (statisch) dem dynamischen, auf ewige Verwandlung zielenden *Leben* widerspricht, wird für den initiatischen Menschen in seiner inständlichen Schau eben der Werde-, Erlösungs- und Verwandlungsdrang aus dem Wesen zum Prinzip des Handelns und Erkennens, darin sich der Erkennende und das Erkannte im Wesen, d. h. in Christo, wechselseitig begegnen und entdecken. Für den initiatischen Menschen steht im Verhältnis von Werk und Gnade nicht mehr gegenüber das, was man geschenkt bekommt, und das, was man macht; sondern das, was man unbewußt und dem Wesen nach selber ist, und das, was kraft besonderer Übung bewußtwerdend zum Prinzip des Lebens und wahrhaft personaler Selbstverwirklichung werden kann.

III

Vom initiatischen Weg*

„Mit der Wende zum Initiatischen ist für Dürckheim eine neue Zeit angebrochen, wie sie noch nie dagewesen ist... Wahrlich große Worte, ein hoher Anspruch..." So endet der Aufsatz „Die Wende zum Initiatischen" (I) von Pater Wulf in Heft 6, Dezember 1976 von „Geist und Leben", in dem er sich um eine faire Wiedergabe meines Buches „Meditieren – wozu und wie" bemüht.

Erhebe ich diesen Anspruch? Ja, und ich stehe dazu. Mit der Wende zum Initiatischen ist in der Tat eine neue Zeit, die Zeit eines neuen Menschen, die Zeit einer neuen Religiosität, angebrochen. Doch in dem, was ich damit meine, fühle ich mich von Pater Wulf nicht ganz verstanden. Die neue Zeit ist die Zeit der Befreiung des Menschen von der Herrschaft einer von der Ratio, der Leistung, von Wohlstandsdenken und Verhaltensethik beherrschten Zeit, die am inneren Menschen vorbeigeht, hin zu einer Zeit, in der der zur Freiheit Geborene zu seinem Wesen erwacht. Unter Wesen verstehen wir die individuelle Weise, in der das überweltliche göttliche Sein in jedem von uns anwesend ist und nach Offenbarwerden in unserem weltlichen Dasein, in unserem persönlichen Erleben, Erkennen, Gestalten und Lieben in der Welt drängt. Dieses

---

* Im Gespräch mit Pater Friedrich Wulf SJ.

Erwachen gewinnt Gestalt auf dem initiatischen Weg. Meditation, wie ich sie verstehe, sowohl passive als aktive meditative Praktiken, sind dabei Mittel zum Voranschreiten auf diesem Weg, zu dem auch die mit radikaler Ehrlichkeit geführte Begegnung mit dem eigenen Innenleben gehört, dessen Dunkelheiten weder durch eine schöne Fassade noch durch ethisches Verhalten in der Welt entschuldbar sind. Meine Lehre vom initiatischen Weg ist keine Erfindung von mir. Ich bringe in ihr nur in meiner Weise zum Ausdruck, was heute in den verschiedensten Formen in der westlichen Welt aufgeht. Diese Entwicklung begegnet der inneren Not unzähliger Menschen, Christen nicht weniger als Nicht-Christen, Priester nicht weniger als Laien. Vor allem im Dienst der Behebung dieser menschlichen Not stehen seit Jahrzehnten meine Lehre und mein Werk, so auch die gemeinsam mit Maria Hippius geführte Arbeit in Todtmoos-Rütte.

In einem zweiten Aufsatz „Die Wende zum Initiatischen“ (II) in Heft 1, Februar 1977 von „Geist und Leben“ nimmt Pater Wulf kritisch Stellung zu meiner „Lehre“ und lädt mich zu einem Gespräch ein. Gerne folge ich dieser Einladung. Ob es mir in diesem Dialog möglich sein wird, den, wie er sagt, „unüberschreitbaren Graben“ zu überbrücken, den er zwischen der von ihm vertretenen Theologie und meinem Anliegen sieht, weiß ich nicht. Seit jeher stehen in einem gewissen Widerspruch zueinander Glaube und Erfahrung, Theologie und Mystik sowie „Bekenntnis“ und Verwandlung; dies, obwohl jeder echte Glaube auch von Erfahrungen genährt wird und keine Theologie ganz an den inneren, d.h. auch den mystischen Grundlagen aller Religionen vorübergehen kann.

Pater Wulf fragt, wie sich der von mir angedeutete initiatische Weg mit seiner Zielsetzung, seinen Implikationen und seiner Hintergrundsproblematik zu den großen Weltreligionen, insbesondere zum Christentum verhält. Dieser Weg erfüllt die Zielsetzung des Christentums und unterscheidet sich darin von der Zielsetzung östlicher Religionen. Das Ziel des initiatischen Weges ist für mich nicht, wie Pater Wulf zu glauben scheint, die große Seinserfahrung als solche, sondern eine Verwandlung des ganzen Menschen zu einer Person im vollen Sinne dieses Wortes. Gemeint ist damit der Mensch, der *in* seiner geschichtlichen Wirklichkeit, also der raumzeitlichen Bedingtheit seines Lebens, fähig ist, von seinem überweltlichen Wesen in der Welt zu zeugen. Voraussetzung dieser Verwandlung ist freilich eine Seinserfahrung oder Seinsfühlung, in der der Mensch das in seinem Wesen anwesende Sein erfährt, zu ihm hin transparent wird und den in ihr vernommenen Anruf zu seiner Bezeugung hört und annimmt.

Zum Verhältnis dieses so verstandenen initiatischen Weges zu den Weltreligionen: Das in der Seinserfahrung bzw. Seinsfühlung erfahrene Numinosum bzw. die sich in der Qualität des Numinosen manifestierende Realität ist, wie schon C. G. Jung erkannte, Grundlage jeder *lebendigen* Religiosität. Der Grundunterschied der Zielsetzung des initiatischen Weges zu allen „östlichen" Religionen besteht darin, daß ihr Weg im unpersönlichen, übergeschichtlichen All-Einen mündet und nicht in einer von ihm zeugenden, geschichtlichen Person.

Zu meiner Grundthese, daß lebendiger Glaube in einer besonderen Erfahrung des Überweltlichen gründet: Nur dort wird die Verankerung lebendiger Religiosität in der Erfahrung nicht anerkannt werden, wo der Glaube, losgelöst von der Erfahrung, die Hinwendung zu einem Gott ist, dem gegenüber die Behauptung, ihn erfahren zu können, ob der unendlichen Distanz, die zwischen ihm und dem Menschen besteht, eine absurde Vorstellung ist. Wo aber die christliche Religion in einem Glauben gründet, der die Behauptung einer Gotteserfahrung im Grunde als eine Unmöglichkeit ansieht, besteht allerdings ein nicht überbrückbarer Graben zwischen meiner Auffassung von christlicher Religiosität und dem von der Kirche vertretenen Glauben. Es geht mir aber nicht um eine Auseinandersetzung mit dem in sich geschlossenen System der christlichen Theologie, auch nicht um ein Angreifen der Menschen, die in ihm den Sinn ihres Lebens und den Frieden ihrer Seele finden. Es geht mir vielmehr um eine Antwort auf die Not all der Menschen und insbesondere auch der Christen, die nach einer neuen Begründung und Verwurzelung ihres religiösen Lebens suchen, nachdem das ihnen indoktrinierte Glaubensgebäude für sie leer geworden ist, vor allem, weil ihre religiöse Erziehung, die die Bereinigung des Unbewußten und das Ernstnehmen des Leibes mit einschließen müßte, an der innermenschlichen Problematik personaler Selbstverwirklichung vorbeigeht.

Pater Wulf hat recht mit der Feststellung, daß, wenn ein Gespräch die volle Seinserfahrung bei beiden Gesprächspartnern voraussetzt, es auf einen winzigen Kreis beschränkt bleiben müsse. Die große Erfahrung, z. B. das große Satori, ist unendlich selten. Zum Gespräch ist jedoch nicht die alles umstürzende Seinserfahrung die einzige Voraussetzung. Es genügt eine

Seinsfühlung, in der das Überweltliche doch schon in einer Weise ins Innesein trat, die das bisherige Leben in Frage stellt und seine Verwurzelung im Wesen fordert. Eine solche Seinsfühlung haben sehr viele Menschen, aber sie sind nicht dazu erzogen, sie in ihrer Bedeutung ernst zu nehmen. Doch wo heute die Bedeutung echter Seinsfühlungen verstanden wird, geht in tausenden von Menschen ein Licht auf, und zugleich erschrocken und beglückt verlangen sie nach Begleitung auf dem Weg der Verwandlung, den diese Bedeutung impliziert.

Zu der Feststellung von Pater Wulf, daß angebliche Seinserfahrungen psychogener Natur sein könnten und das Kriterium für die Echtheit einer Seinserfahrung nicht in ihr selbst liege, sondern von außen komme: die damit geforderte kausale Betrachtung scheint mir nicht zulässig zu sein, so z. B. bei der Anerkennung der Bedeutung der Qualität des Numinosen. Sie selbst kann nie, ebensowenig wie das Erlebnis des Heiligen, psychischen Ursprungs sein, wohl aber das Bild oder das Gefühl, das ihr anhaftet. Die Behauptung, daß die Kriterien für die Echtheit einer Seinserfahrung nicht in ihr selbst liegen können, trifft zu. Das außerhalb ihrer Liegende sollte aber nicht in dem gesucht werden, wodurch sie bewirkt wird, sondern in dem, was sie selbst bewirken kann („An ihren Früchten werdet ihr sie erkennen"): die totale Verwandlung des Menschen zu einer Stufe, die ihn aus der ausschließlich weltlichen Bedingtheit seines Lebens herausreißt und ihn an das ihm auch immanente Überweltliche mit harter Eindeutigkeit bindet.

Die Frage nach dem sich in der Seinserfahrung Zeigenden, nach seinem Charakter und seiner näheren Bestimmung wird um so weniger gestellt werden, als der Erfahrende das „ganz Andere“ wirklich, und das heißt als ein Nicht-Bestimmbares erfährt. Ja, mehr noch: Die Frage nach dem, „was es ist“, ist überhaupt unzulässig, denn sie kommt aus dem vom rationalen Bewußtsein getragenen Ich. Das Überweltliche, das mir in meiner Erfahrung begegnet, verschwindet oder erlischt, wenn ich frage, was es ist. Die zu stellende Frage dagegen ist die nach den durch sie erfolgenden Verwandlungen und dem in ihr erfahrenen Auftrag. Wirkliche Transzendenz ist jenseits der fünf zum Erkenntnis-System des Welt-Ichs gehörenden W: Was – Wo – Wann – Woher – Wozu. Der Mensch freilich, dessen Erkenntnisvermögen bzw. dessen Bewußtseinsweise auf die Erkenntniskategorien des Welt-Ichs, wie Raum und Zeit, Identität und Kausalität (Kant), bezogen ist, *kann* gar nicht anders, als dem als überweltlich Erfahrenen den Charakter einer *Gestalt* zu geben und diese durch in Superlative erhobene Eigenschaften und Fähigkeiten auszuzeichnen. Dieses wird auch noch derjenige Mensch tun, der die Seinserfahrung gemacht hat und in einer mehr oder weniger ständigen Seinsfühlung steht, sobald er – was wohl keinem Menschen erspart bleibt – in den Bannkreis seines Welt-Ichs zurückfällt. Hier erhebt sich das erkenntnistheoretische Problem in seiner vollen Bedeutung für das Sich-Verstehen oder Nicht-Verstehen im Gespräch wie z. B. auch für alle Exegese. Es betrifft die völlig verschiedene Sicht, je nachdem ob der Exeget noch mit seinem theologisch gebildeten Welt-Ich identifiziert ist oder von seinem in Seinserfahrungen erleuchteten Wesen her sieht. Wo immer die Qualifikation einer religiösen Erfahrung vom Standort des Welt-Ichs erfolgt, wird das Qualifizierte in das rationale Kategoriensystem des Ichs eingeordnet und damit seiner Grundqualität des Unbegreifbaren beraubt.

Zur Auseinandersetzung mit östlicher Religiosität stellt Pater Wulf mit Recht fest, daß ihr Weg in die Befreiung und Erleuchtung des in seiner Welt gefangenen Menschen führt.

Der initiatische Weg, von dem ich spreche, hat als höchstes Ziel aber nicht Befreiungs- oder Erleuchtungserlebnisse, sondern die von erleuchtender Erfahrung ausgehende Verwandlung zu einer Person, die sich als Zeuge des Erfahrenen auch in der Welt, und zwar welt-bejahend und nicht welt-verneinend, setzt und bewährt. Hier unterscheidet sich eindeutig christliche von buddhistischer Zielsetzung. Dabei ist das Bejahen der geschichtlichen Wirklichkeit des Menschen entscheidend, denn auch der Bodhisattva, der seine Einheit mit dem göttlichen Sein in seinem Werk in der Welt bezeugt, meint nur die Erlösung von der Welt, nie aber ein Ja zur geschichtlichen Wirklichkeit als Realität und Auftrag.

Zur Frage des Verhältnisses von Buddhismus und Christentum: als Religionen sind sie nicht miteinander vereinbar. Religionen trennen. Es gibt aber religiöse Grunderlebnisse, die die Anhänger verschiedener Religionen brüderlich miteinander verbinden können. In diesem Sinne, glaube ich, meint die Buddha-Natur eine Grunderfahrung, die nicht nur buddhistischer Religiosität zugrunde liegt, sondern auch christlicher Religiosität nottut. Während für den Buddhisten aber das Aufgehen im All-Einen der Buddhanatur das Endziel ist, ist die befreiende Berührung mit dem All-Einen für den Christen nur ein Durchgang, hin zur Verwirklichung seiner personalen Gestalt, in der und durch die er das Erfahrene bekunden kann.

Pater Wulf stellt, und das ist mir nicht ganz verständlich, die Frage: „Was sollen die noch so beglükkenden Erfahrungen von Licht und Freiheit und Geborgenheit eines Menschen, der auf dem initiatischen Weg zum Eins-Sein mit der überweltlichen, göttlichen Wirklichkeit gekommen ist, wenn er nicht weiß, was das Ganze soll, ‚jenseits von Woher und Wohin'." Meine Antwort: Wer den in der Seinserfahrung enthaltenen Auftrag zur Verwandlung annimmt, weiß sehr wohl eine Antwort auf das „Woher und Wohin" menschlichen Lebens: Aus göttlichem Ursprung stammend – zur Ent-deckung und Bezeugung des Göttlichen in sich und der Welt bestimmt. Dies ist keine Hybris, sondern im Ernstnehmen des Auftrages, Christus in sich wahrzunehmen, enthalten. Christus sagt: „Mein Reich ist nicht von dieser Welt." So geht es für den Christen um die Bezeugung des uns von Christus vorgelebten, verkündeten und als in uns selbst vorhanden gesagten Reiches, das nicht von dieser Welt ist. Der initiatische Weg meint die Entdeckung und das Darleben des Reiches, das nicht *von* dieser Welt ist, *in* dieser Welt.

Was das Verhältnis zur leidenden Menschheit betrifft: Jesus hat sich nicht als Sozial-Reformer verstanden noch je behauptet, das Leiden in der Welt beseitigen zu wollen. Sein Werk in der Welt betraf das Leiden, wo es unausweichlich und mit natürlichen Kräften nicht aufhebbar ist – so die Angst vor dem Tode, die Verzweiflung am Absurden und die Trostlosigkeit des völlig Einsamen. So betrifft auch das uns auf dem initiatischen Weg aufgegebene Liebeswerk insbesondere das Leiden, das, weltlich gesehen, unaufhebbar ist, aber vom Wesen her gesehen Schwelle zur Verwandlung sein kann. Die auf dem initiatischen Weg wachsende Mitmenschlichkeit und Sinngebung des Lebens führt über den Horizont des raumzeitlich bedingten und rational verankerten Ichs hinaus, das mit einem natürlichen Anspruch nach Sicherheit, Sinn und Liebe verlangt. Hier auch bewährt sich die auf dem initiatischen Wege vertiefte Erfahrung einer Realität, die jenseits von Tod und Leben, Sinn und Sinnlosigkeit, Geborgenheit und Verlassenheit im allgemein menschlichen Sinn ist, als Quelle möglicher Befreiung von Leiden. Dieses aber setzt im Durchstoßen zu jenem Sein, das jenseits alles Leidens oder Nicht-Leidens ist, die Preisgabe des natürlichen Ichs voraus. Eben dies hat Jesus Christus uns vorgelebt und vorgestorben.

So beantwortet sich auch die von Pater Wulf gestellte Frage nach der vom initiatischen Weg her zu verstehenden Nachfolge Christi. Christus wandte sich an die Armen im Geiste, die Ausgestoßenen, die Einfältigen, und nicht an die Erleuchteten. Doch wer ist damit gemeint? Damals wie heute sind die Pharisäer, die Gelehrten, die Philosophen und mächtigen Vertreter einer, wie sie glauben, alles rational ordnenden Glaubenslehre oft der Wende zur Verwandlung aus den Mysterien des göttlichen Geistes ferner, als die am Leben Zerbrochenen, Verzweifelten und „Ungläubigen", im Widerspruch zu den Moralgesetzen Gescheiterten, also die „Sünder". Dies gilt auch für die zum initiatischen Weg Berufenen oder Nicht-Berufenen. Immer bleibt der Gescheiterte einer möglichen Verwandlung näher als der, wie er glaubt, geistig Angekommene. So auch gibt es kein Vorankommen, ja, kein Antreten auf dem initiatischen Weg ohne Scheitern auf dem natürlichen Weg, sei er auch noch so ethisch bestimmt. Die entscheidende Weise der Nachfolge Christi jedoch sieht der zum initiatischen Weg Gerufene in dem uns von Christus vorgelebten Annehmen des Unannehmbaren, dort, wo es unausweichlich ist; so das Annehmen der drei Grundnöte des Menschen: des Todes, des Absurden und der totalen Einsamkeit. Dieses eben kann das Welt-Ich nicht, es vermag nur der Mensch, der, sich aufgebend, den Sprung in sein Wesen wagt. Wer dieses, Christo nachfolgend, vermag, kann im Auf-sich-Nehmen der dreifachen Not Erlösung erfahren („Wer sein Leben verliert um meinetwillen, der wird es gewinnen"). Und Christus ist es, der durch seinen Tod uns dies aus Freiheit vorgelebt hat. Dies hat kein „Religionsstifter" vor ihm getan. Buddha sagt: „Zieh deinen Durst zurück." Christus sagt: „Nimm dein Kreuz auf dich", und eben dieses fordert der initiatische Weg.

Zur Nachfolge Christi gehört aber auch das Leben der Liebe. Die christlich verstandene Liebe jedoch, und so auch die, die aus der Berührung mit dem überweltlichen Sein auf dem initiatischen Weg entsteht und gefordert ist, setzt das Ja zur Person voraus, erfüllt sich also nur in der Begegnung mit einem Du. Eben dieses aber fehlt im Buddhismus, sowohl im Verhältnis des Menschen zu Buddha oder zur Buddhanatur wie in der Liebe des Bodhisattva. So wie die Verwandlung zur Person im Mittelpunkt des initiatischen Weges steht, so gewinnt auch auf ihm die Begegnung mit dem Du, sowohl in der Begegnung mit dem Menschen als auch mit dem göttlichen Sein, den Charakter der zentralen Kategorie zum Verständnis des rechten Weges.

Wenn Pater Wulf feststellt, daß der Mensch sich in der Seinserfahrung selbst begegnet, stimme ich dem voll zu. Aber was bedeutet das „sich selbst“? Es sind zwei: das welt-bedingte Ich, das heißt der Mensch in seiner Getrenntheit von seinem göttlichen Ursprung, und das Wesen, das ist derselbe Mensch in der Weise des in ihm unabdingbar anwesenden göttlichen Kerns, individuelle Präsenz des göttlichen Seins. Doch so wenig wie das Blatt am Baum der Baum ist, sondern in seinem bloßen Blatt-Sein den Baum als das ganz Andere erfährt, so begegnet es sich doch auch, wo es sich selbst als eine Weise des Baumes erkennt, immer noch in seinem Gegenüber zum Baum; so auch der Mensch, der sich vom Welt-Ich her in seinem Wesen erfährt. Und eben weil er dieses sein Wesen als die individuelle Präsenz des All-Wesens erfährt, wird in der transzendierenden Selbsterfahrung eine Ich-Du-Begegnung sowohl als Eins-Sein als auch als unendliche Distanz erfahren. Die Lehre von der unüberbrückbaren Distanz zwischen Mensch und Gott findet ihre ewige Rechtfertigung gerade in der Erfahrung dessen, der sich in der Seinserfahrung oder Seinsfühlung für einen kurzen oder länger währenden Augenblick eins fühlte. Er kann die Einsfühlung nicht halten, fällt in den Lebens- und Erkenntnisraum seines Welt-Ichs zurück und erfährt schmerzlich die Getrenntheit von dem, womit er soeben sich noch eins wußte. Was ihm aber bleiben kann, ist das Wissen um das Eins-Sein im Grunde und daß die Erfahrung des Getrenntseins nur mit der Bewußtseinsform des sich im raumzeitlich Bedingten, alles rational begreifenden Ichs zusammenhängt. In diesem Bewußtsein sich zu bewegen, doch zugleich das sich zum Wesen hin überschreitende Bewußtsein zu bewahren ist ein Grundexerzitium des initiatischen Weges, das sich im Werden der Vollperson als Überwindung des Dualismus von Welt-Ich und Wesen erfüllt.

So ist die Bemerkung von Pater Wulf, daß es letzten Endes nicht zwei sind, die sich in der Seinserfahrung begegnen, sondern nur der eine Mensch, richtig, und doch auch wieder nicht. Sie ist richtig, insofern Welt-Ich und Wesen zwei Pole des *einen* Mensch-Seins sind. Es sind aber doch zwei für die innere Erfahrung des einen Menschen, denn er erfährt sich selbst und das Leben als ein total anderer, je nachdem er sich mit seinem raumzeitlich bedingten Welt-Ich identifiziert oder aber mit seinem Wesen. Die Unterschiedenheit der beiden Pole ist von einer Art, daß es keinen gleitenden Übergang vom einen zum anderen gibt. Vor die Tugend, so heißt es, haben die Götter den Schweiß gesetzt, vor die Verwandlung im initiatischen Sinn, muß man hinzufügen, den „Tod". Ohne einen Zusammenbruch des Welt-Ichs keine Verankerung im Wesen. Wo aber diese erfolgt, kann, was im Kinde und im vorrationalen Menschen noch eins war, im rational bedingten Dualismus auseinanderbrach, in der reifenden Entwicklung wieder eins werden und sich in der Transparenz des verwandelten Welt-Ichs zur immanenten Transzendenz hin als personale und weltkräftige Einheit bewähren.

Der Feststellung von Pater Wulf, daß in einem als Seinserfahrung verstandenen Zustand bisweilen nur ein Zustand erhöhter Emotionalität ekstatischen oder kosmischen Charakters vorliegt, ist durchaus zuzustimmen. Doch ist hierzu zu sagen, daß eine echte Seinserfahrung fast immer über einen vollständig ernüchternden Zusammenbruch des bisherigen Lebens erfolgt und daß aus einer erhöhten Emotionalität allein wohl kaum ein neues Gewissen geboren würde, das den Auftrag zu einem Verwandlungsweg enthält, der an fortdauerndem Verzicht und an Härte nichts zu wünschen übrigläßt.

Zu Pater Wulfs Erinnerung an Rudolf Ottos Feststellung, daß „keine Mystik sich im Blauen wölbt, sondern jede über einem Grunde steht, den sie selber nach Kräften leugnet und von dem sie dennoch immer erst ihr besonderes und mit anderswo gewachsenen Mystiken niemals identifiziertes Wesen erhält", stimme ich auch für mich zu. Nur, daß meine weltanschauliche Grundlage nicht buddhistisch, sondern christlich ist. In einem christlichen Haus aufgewachsen – die frühesten religiösen Erfahrungen wurden in der Teilnahme an den Gottesdiensten der Klosterkirche in Steingaden gemacht –, sehe ich als meinen eigentlichen „Lehrer im Glauben" Meister Eckehart. Mit allem Abstand sei es gesagt: Ich fühle heute gegenüber Angriffen durch Vertreter der traditionellen Theologie und Kirche Parallelen mit der Auseinandersetzung zwischen Meister Eckehart und den ihn der Häresie bezichtigenden Inquisitoren. Sie hatten ihn nicht verstanden und mußten aus ihrem Horizont heraus die Thesen, in denen er in mehr oder weniger paradoxen Formulierungen die Vermenschlichung des Göttlichen und Verbegrifflichung aller das Göttliche betreffenden Aussagen brandmarkte, als ungeheuerlich empfinden. Von der Seinserfahrung her ist keine seiner verurteilten Thesen unverständlich, sondern einfach Spiegelung erfahrener Wahrheit. So auch der Satz (These 11): „Alles, was Gott seinem eingeborenen Sohne in der menschlichen Natur gegeben hat, das hat er alles auch mir gegeben:

hiervon nehme ich nichts aus, weder die Einigung noch die Heiligkeit, sondern er hat mir alles ebenso gegeben wie ihm." Der Sinn des initiatischen Weges ist, daß der Mensch sich dessen als *Gnadengeschenk* und Auftrag bewußt werde. So sprechen, von der Seinsfühlung her verstanden, alle als häretisch bezeichneten 28 Thesen Meister Eckeharts in großer Schlichtheit eine durchaus verständliche Wahrheit aus. Man kann eben einen Satz über Gott nicht beginnen mit: „Gott ist so und so." Das heißt, man kann es und tut es, ordnet ihn aber damit in das Kategoriensystem des natürlichen Ichs ein und nimmt ihn dann als Person im anthropomorphen Sinn des Wortes wahr. Auch eine überschwengliche und superlative „Qualifizierung" dieser Person nimmt sie in das vom Welt-Ich gezogene Koordinatensystem hinein, es sei denn, daß die das Unbegreifbare „qualifizierenden" Worte nicht rational, sondern hymnisch (ich verdanke diesen Hinweis einem Gespräch mit Professor Hermann Stenger CSsR) zu verstehen sind. Im Hymnus überschreitet der Mensch seine kleinen Grenzen. Das gleiche gilt für alle Aussagen, die aus einer Ergriffenheit vom Überweltlichen entstehen, so im Gebet, im Gesang, im liturgischen Geschehen u. a.

Gewiß hat Eckeharts Lehre vom „Weiselosen" etwas gemeinsam mit dem Weiselosen der Buddha-Natur. Das Weiselose war für Meister Eckehart aber nicht der von allem erlösende Endzustand des vom Leiden an der Welt geplagten Menschen. Es war vielmehr der Ort der Geburt des neuen Menschen, der Sohngeburt in der Seele. Das auch meint die Begegnung mit dem Weiselosen auf dem initiatischen Weg.

Zur kritischen Bemerkung von Pater Wulf zur

Übung des Za-Zen im Hinweis auf seinen buddhistischen Ursprung: Das Za-Zen hat wohl seinen geschichtlichen Ursprung im Buddhismus, aber es enthält einen Sinn, der keineswegs nur buddhistisch verstanden werden muß. Oder ist das im Za-Zen in unserem Wesen gesuchte all-eine Sein ein Privileg des Buddhisten? Oder ist die Berührung mit der immanenten Transzendenz nicht auch dem Christen möglich, aufgegeben und förderlich für die Fruchtbarkeit seines spezifisch christlichen Glaubens? Oder ist die Technik des Za-Zen als solche: die völlige Unbewegtheit des Leibes, das Wahrnehmen des Atems, die in einer gefestigten Mitte des Leibes verankerte aufrechte Haltung, kurz: sind die technischen Voraussetzungen des Za-Zen als solche Gefährdungen christlicher Geisteshaltung? Wohl nicht. Auch die von manchen als unchristlich empfundene Gegenstandslosigkeit der Meditation im Stile des Za-Zen, das heißt das Aufsuchen der „Leere" ist nicht unchristlich. Sie vielmehr ermöglicht erst das Aufleuchten der unsagbaren, unendlichen Fülle des Seins, die nur für ein Auge aufgehen kann, das leer geworden ist vom Vielen, so von allen Bildern und Begriffen. Nur auch, wo der Mensch einmal ganz frei geworden ist von den ihm seit seiner Kindheit eingefleischten und verfestigten Gottesbildern, kann in ihm der Heilige Geist aufgehen und dann auch alle Bilder und Dinge der Welt vom Bildlosen her in einem neuen Sinn leben lassen.

Aber ebenso wie es dem Buddhisten natürlich ist, dem Za-Zen das Singen von Sutras vorausgehen zu lassen, mag es dem Christen natürlich sein, dem Za-Zen ein Gebet vorangehen zu lassen oder in die Phase der Konzentration – wie der Russische Pilger – das Herzensgebet in den Rhythmus des Atems hineinzunehmen.

Alles Reden über den initiatischen Weg betrifft nicht eine theoretische Problematik, sondern meint eine existentielle Praxis. Nicht was zu glauben und zu bekennen ist, steht zur Diskussion, sondern die Verwandlung, und das bedeutet ein nie endendes Exerzitium. In der Stellungnahme von Pater Wulf vermisse ich hierzu die Anerkennung der Bedeutung des Leibes für das Christ-Werden des ganzen Menschen. Der initiatische Weg ist ohne Dauerexerzitium nicht möglich. Es gibt aber kein fruchtbares Exerzitium ohne Einbeziehung des Leibes. Gemeint ist hier aber nicht der Körper, den man hat, sondern der Leib, der man ist. Entspannungsübungen, Haltungs- und Atemübungen, Eutonie usw. bringen, wo sie nur mit dem Körper vollzogen werden, initiatisch keinen Schritt weiter. Wo aber der Mensch sie vollzieht als der Leib, der er ist, werden sie für die Verwandlung bedeutsam. Wo beispielsweise der Mensch seine Kopflastigkeit nicht in seiner leibhaften Mitte aufzuheben vermag, bleibt seine Verwandlung meist Einbildung. Nur der in seine Mitte „Gelassene“ kann frei werden von Angst. Der Schwerpunkt zu weit oben ist Ausdruck eines immer um seine Position besorgten, d. h. ohne Grundvertrauen lebenden und daher für die Angst anfälligen Ichs.

Viele wissen wohl, wie der Christ sein soll, aber nicht, wie man Christ *werden* kann. Davon zeugen oft die Glaubenszweifel und als ausweglos erfahrenen existentiellen Ängste auch altverdienter Theologen und Priester. Das Bekenntnis und das rechte Verhalten in der Welt tun es nicht, sondern allein die Verwandlung auch im Leibe zur Bezeugung der immanenten Transzendenz im Hier und Jetzt. Und diese Bezeugung meint die praktische Nachfolge Christi.

Zur Frage von Pater Wulf, wie weit auf dem von mir gemeinten initiatischen Wege nicht alle Geschichtlichkeit überschritten und ins Übergeschichtliche aufgehoben werden muß: In der Tat muß auf dem von mir gemeinten initiatischen Wege alle Geschichtlichkeit in ihrer bloßen Geschichtlichkeit überschritten werden, aber nicht, um im Übergeschichtlichen aufzugehen – das wäre Buddhismus –, sondern um sich von ihm her als Manifestation des Übergeschichtlichen zu erkennen, sowohl als Tatsache und als Auftrag. Alles Geschichtliche kann für den zum initiatischen Weg Erschlossenen letztlich nur von einem Übergeschichtlichen her gedeutet und mit Sinn erfüllt werden, wie auch der Mensch sich selbst nur von einem Übermenschlichen her verstehen und mit Sinn erfüllen kann. So kann auch alle echte Psychologie im Grunde nur von einem metapsychologischen Standort aus entwickelt werden, sonst dreht sich alles im Kreise. Wo aber die übergeschichtliche Wirklichkeit zum Privileg eines Glaubens gemacht wird, der eine Begründung in der Erfahrung als unvereinbar mit dem eigentlichen Glauben ablehnt, verdorren, wie wir das heute erleben, früher oder später die Lebenswurzeln der Religiosität.

Die immer wiederkehrenden Vorwürfe von Menschen, die in dem von der Kirche gelehrten Glauben und der von ihr geführten Erziehung aufgewachsen sind, bestehen vor allem in der Klage darüber, daß diese Erziehung über ihr inneres Leben hinweggeht und zur Verwandlung des ganzen Menschen, auch im Leibe, nichts beiträgt. Eine der stärksten Äußerungen hierzu fand ich in einem Brief einer alten Ordensschwester, die schreibt – und dies mit dem Ausdruck großer Beglückung –, daß sie sich nunmehr in der Erfahrung der immanenten Transzendenz und dem aus ihr wachsenden Verständnis für das Evangelium Christi frei werden fühlt von dem abbröckelnden Gips, der auf der Wahrheit lag, wie sie sie nun versteht. Und dieser Gips sei ein Glaube gewesen, der leider in nichts anderem bestand als in einem „Fürwahrhalten" dessen, was die Kirche lehrt. Zum anderen verfüge ich über sehr viele Aussagen darüber, daß mit zunehmender Erfahrung der immanenten Transzendenz die Möglichkeit des persönlichen Betroffenseins durch die in der Lehre und dem Kult der Kirche enthaltenen Geheimnisse wächst.

Ich bin Pater Wulf jedoch noch eine Aussage über das Verhältnis zum historischen Christus schuldig, wie es vom initiatischen Weg her zu verstehen ist: Im Zentrum der Botschaft Christi steht die Befreiung des Menschen von der Allein-Herrschaft eines durch Gebote und Gesetze herrschenden fernen Gottes hin zur Offenbarung des liebenden Vaters auch in uns selbst, ebenso wie die Weisung Christi, ihn in uns selbst zu finden, um uns darin als Sohn des Vaters zu erfahren. Das von Christus aus dem Alten Testament übernommene Wort: „Ihr seid Götter und insgesamt Söhne des Höchsten" ist doch wohl wörtlich zu verstehen als Hinweis auf die dem Menschen immanente Transzendenz, nicht nur in seiner Teilhabe an dem Geheimnis, das wir Gott nennen, sondern auch auf die dem Menschen in seiner Eigenschaft als Sohn Gottes zugedachte personale Mündigkeit.*

---

* Vgl. *J. W. Klein,* Ihr seid Götter (Pfullingen: Neske 1967).

Wenn aber Jesus Christus sich als Sohn Gottes bezeichnet, so liegt darin das ungeheure Ereignis, daß er als Erster Gott als seiner geschichtlichen Person innewohnend erfuhr und sichtbar werden ließ. In Christus schlägt das göttliche Sein erstmalig und in einzigartiger Weise die Augen des personalen Bewußtseins auf. In diesem Ereignis mündet eine lange Geschichte des Menschwerdens, und von ihm geht die neue Geschichte des Menschen aus, in der menschliches Leben sich in der Nachfolge Christi in einer Gott bezeugenden Person zu erfüllen hat.

Dieser Vorgang kann sich als Nachfolge Christi in jedem Menschen, der zu dem ihm immanenten Gott-Sein erwacht und von ihm her den harten Weg wahrhaften Personwerdens antritt, wiederholen, und das meint der initiatische Weg. Der initiatische Weg, verstanden als Zeichen der Wende zu einer neuen Zeit, meint also die heute allenthalben aufbrechende Wende in den Menschen, die in sich selbst zum Nachvollzug der in Christus vollzogenen weltgeschichtlichen Wende herangereift sind: im Bewußtsein und im Ernstnehmen der Erfahrung der immanenten Transzendenz, im Annehmen des Auftrages zur Verwandlung, im Treubleiben bis zum Tod des alten Ichs, in der Bewährung des in diesem Tod aufgehenden neuen Lebens. Dies geschieht heute in vielen Menschen, auch wenn sie sich nicht bewußt zu Christus bekennen.

Ich hoffe, daß meine Stellungnahme zu Pater Wulfs Fragen ein Beitrag ist zu einem Gespräch, das ich nicht so sehr als eine Fronten absteckende Diskussion ansehen möchte, sondern als einen Dialog, der zu einer Fortsetzung des Gesprächs einlädt.

IV

Begegnung des Westens mit dem Geist des Ostens*

Die mir im Sommer 1974 zugegangene Einladung, am 10. November die Nehru Memorial Lecture in Delhi zu halten, stellte mir die Wahl des Vortrages frei. Ich entschied mich für ein Thema, das mir Gelegenheit gab, Probleme zu behandeln, deren Aktualität für die führende Schicht des heutigen Indien brennend war. Eine erste Indienreise verdankte ich dem damaligen Verkehrsminister, heutigen Gesundheitsminister Dr. Karan Singh. Er hatte meine ins Englische übersetzten Bücher „Hara, die Erdmitte des Menschen“ und „Alltag als Übung“ (englisch „Hara, The Vital Centre of Man“ und „The Way of Transformation, Daily Life as Spiritual Exercise“) gelesen, und sie hatten ihn persönlich so sehr interessiert, daß er mich kennenlernen wollte. Ich fand bei diesen Unterhaltungen bestätigt: daß manche der für die moderne Entwicklung Indiens verantwortlichen Menschen sich Gedanken darüber machten, wie man die heutige unabdingbare Entwicklung von Wissenschaft und Technik verbinden könne mit einer Erziehung, die den negativen Auswirkungen einer vorherrschend auf Weltbemeisterung gerichteten Entwicklung vorbeugen könnte, ohne der Tradition der indischen Geistigkeit untreu zu werden.

So hielt ich schon im Januar 1974 im „International Centre“ in Delhi einen von Dr. Karan Singh eingeleiteten Vortrag zum Thema „Efficiency and Maturity“. Der Widerhall, den dieser Vortrag weit über den Hörerkreis hinaus in der indischen Öffentlichkeit, in Presse und Rundfunk, gefunden hatte – Indira Gandhi selbst hatte mich zu einem Gespräch unter vier Augen zu diesem Thema geladen – führte dann

---

* Vortrag am 10. November 1974 in Delhi zum Geburtstag von Pandit Nehru.

dazu, den im folgenden wiedergegebenen Vortrag zum Geburtstag Nehrus zu halten.

Unvergeßlich sind mir die Worte des Maharaja von Benares geblieben, die er nach einem Vortrag seinem Dank hinzufügte: „Vor vielen Jahren habt Ihr Europäer uns Indern klargemacht, daß wir die Befangenheit in unserer religiösen Tradition aufgeben müßten, um uns, den Notwendigkeiten der Zeit gemäß, im Geist der Wissenschaft und Technik fortzuentwickeln. Heute haben Sie die Aufgabe, ja, ich sage, tragen Sie eine Mitverantwortung dafür, daß wir und wie wir inmitten der modernen Entwicklung die tragende Fühlung mit einer lebendigen Religiosität bewahren können."

Ich bin davon überzeugt, daß die meisten von Ihnen mancherlei gelesen haben über das Verhältnis des östlichen zum westlichen Geist. Ich habe daher nicht die Absicht, dem eine neue Theorie hinzuzufügen. Ich will dagegen den Versuch unternehmen, Ihnen etwas von den Begegnungen mit dem östlichen Geist zu erzählen, die ich selbst als einer von vielen meiner Generation in den letzten 60 Jahren gemacht habe.

Doch zunächst eine kurze Vorbemerkung:

In der jüngsten Entwicklung der europäischen Geistigkeit spiegelt sich eine tiefe Wandlung wider. Wie Sie alle wissen, befindet sich die westliche Welt heute in einer Krise. Der Grund für diese Krise liegt keineswegs allein in wirtschaftlichen Nöten wie etwa der der Ölkrise. Selbst angenommen, alle wirtschaftlichen Nöte könnten behoben werden, so bliebe doch die Not, die sich im Aufbegehren einer tieferen Dimension zeigt, die eine Wende verlangt. Ich spreche von einer geistigen Bewegung, die den Sinn des Lebens überhaupt betrifft. Dieser Bewegung zugrunde liegt die Ahnung, daß die Probleme des menschlichen Lebens nicht allein auf dem

Felde der quantitativ meßbaren Leistung gelöst werden können. Der westliche Geist entfernt sich heute von einer Auffassung, daß das Leben in erster Linie von quantitativen Faktoren bestimmt sei, hin zu der Erkenntnis, daß die „Qualität" das Maßgebende darstellt, die mit der Erfüllung nicht der äußeren, sondern der inneren Notwendigkeiten zusammenhängt. Die westliche Zivilisation ist, wie wir alle wissen, vor allem gekennzeichnet durch die Bewältigung der äußeren Umstände des Lebens, vernachlässigte aber die Bedeutung der inneren Entwicklung des Menschen. Die äußere Welt erobernd, vergaß der westliche Geist weitgehend seine Seele. Dies lastete immer mehr wie eine dunkle Wolke am Himmel der Menschheit. Heute nun scheint es, als durchbräche sie ein Leuchten, das von einer neuen Zeit kündet.

Die jüngste Bewegung der westlichen Geistigkeit ist gekennzeichnet durch die Wiederentdeckung der seelischen Notwendigkeit des menschlichen Geistes. Und für diese Wende ist die Begegnung mit der Tradition des östlichen Geistes von größter Bedeutung.

Hierzu aber möchte ich von vornherein bemerken, daß die geistige Wende des Westens nicht eine neue Ideologie meint, die sich ohne Bezug auf die harten Bedingungen des äußeren Lebens entfaltet. Es handelt sich vielmehr um einen neuen Realismus, dessen Basis unabweislich innere Erfahrungen sind.

Nachkriegszeit

In unserem Jahrhundert war es vor allem die Zeit nach dem ersten Weltkrieg, daß östliche Geistigkeit in den Westen einströmte. Wie so viele meiner Generation war ich nach vier Jahren Dienst an der Front, immerzu Tod und Zerstörung vor Augen, heimgekehrt. Unser Herz war erfüllt von der Frage: Wie läßt sich eine Wiederholung einer solchen Verheerung verhindern? Diese Jugend der Nachkriegszeit träumte von einem neuen Bild des Menschen. Das war auch die Zeit, in der wir die mittelalterliche Mystik wiederentdeckten, vor allem Meister Eckehart. Aber wir lasen damals auch mit Begeisterung Laotse, die Bhagavad Gita, Tao-Chi Ching, I Ging und die Predigten Buddhas. Es war eine Zeit echten Erwachens. Ich selbst verdanke in dieser Zeit meine erste „Große Erfahrung" einer Begegnung mit dem Geist des Ostens. Es war der elfte Spruch des Laotse, der sie mir schenkte: „Dreißig Speichen treffen die Nabe, aber die Leere in ihnen macht das Wesen des Rades. Aus Ton entstehen Töpfe, aber die Leere in ihnen macht das Wesen des Topfes. Das Haus hat Türen und Fenster, aber in ihrer Leere erst liegt das Wesen des Hauses." Wie ein Blitz hatte dieser Spruch mir die Augen für die überweltliche Dimension des Lebens geöffnet und meinem Leben mit einem Schlage eine andere Richtung gegeben. Das Sitzen in Stille, Meditieren, wurde damals schon in kleinen Kreisen geübt.

Dieser in der Nachkriegszeit begonnene Aufbruch einer neuen Innerlichkeit wurde jedoch bald überschattet durch die für den Westen so charakteristische Tüchtigkeit zur Leistung in der äußeren Welt. Diese Überbewertung der äußeren Leistung unter Vernachlässigung der inneren Werte erreichte ihren Höhepunkt im Nationalsozialismus. Was immer die Ursachen gewesen sein mögen, die Hitler zur Macht brachten, seine Herrschaft warf die Menschheit in den zweiten Weltkrieg, der Zerstörung über ganz Europa brachte.

Wiederum geschah es nun, daß in der Dunkelheit und Verzweiflung des Zusammenbruchs das Licht aus dem Osten unendlich vielen unserer Generation half, neue innere Quellen schöpferischer Kräfte zu entdekken. Es war die Zeit, in der u. a. Hesses „Siddharta" die Herzen der Jugend begeisterte, die Schriften von Paul Brunton, die Kunde vom wahren Selbst, wie er es in Indien erfahren hatte, und Daisetzu Suzukis Botschaft vom Zen-Buddhismus uns eine neue Welt erschlossen. Mehr aber noch als durch diese Bücher drang der östliche Geist diesmal zu uns in Gestalt von praktischen Übungen, insbesondere aus der Welt des Yoga und des Zen.

Um die Gründe zu verstehen, die der Einfluß des östlichen Geistes auf die Befreiung aus dem Engpaß hatte, in den der westliche Geist geraten war, ist es nötig, sich Rechenschaft zu geben über die Eigenart des westlichen Geistes und seine Entwicklung in den letzten Jahrhunderten.

Verfehlung der Ganzheit

Sie alle wissen, daß der westliche Geist vor allem gekennzeichnet ist durch die Vorherrschaft der Ratio und ihrer Auswertung in wissenschaftlicher Erkenntnis und technischer Meisterung unseres Lebens. Ich brauche nicht die wunderbaren Errungenschaften hervorzuheben, die diesem Geist für alle Bezirke unseres Lebens zu verdanken sind. Aber die Erkenntnis, in welchem Ausmaß diese Entwicklung zugleich eine Gefährdung der Ganzheit der menschlichen Person ist, ist erst relativ jungen Datums.

Mehr als man es ahnt, steht heute vor allem der differenzierte Mensch des Westens im Zeichen eines inneren Leidens, das den Glanz des äußeren Lebens weitgehend verdunkelt. Die Ganzheit des Menschen wurde der Ausbildung jener Gaben geopfert, die uns befähigen, unser äußeres Leben zu meistern und die Welt technisch zu beherrschen. Das Ergebnis ist eine Riesenorganisation, die usprünglich dazu dienen sollte, die Freiheit des Menschen, seinen Wohlstand und seine Sicherheit zu gewährleisten. Nun aber hat sie gleich einem Monstrum begonnen, sich nach eigenen Gesetzen zu bewegen, dem Menschen seine innere Freiheit zu rauben und ihn, wenn er überleben will, zu zwingen, sich dem Gegebenen anzupassen.

Anpassung ist zum Schlagwort geworden, ja, zum Schlüsselwort für jede Form wirklichkeitsgemäßen Verhaltens. Die mit ihr der inneren Wahrheit und echtem Schöpfertum drohende Gefahr liegt auf der Hand. Wirtschaftliche Unternehmungen hängen heute weniger vom Genius eines führenden Kopfes als von der Anpassungsfähigkeit an die jeweilige Marktlage ab. Diese Anpassung an die Welt führt dazu, daß der Mensch selbst zu einem Stück Welt wird, ein kleines Rädchen in einem großen Getriebe. Er wird funktionalisiert, also zum Funktionär.

Der Verlust der Ganzheit erscheint in der einseitigen Entwicklung der männlichen Seite auf Kosten des Weiblichen. Wo der Mensch nur die zur äußeren Leistung befähigenden Gaben entwickelt, wird er schließlich zum Roboter. Das betrifft vor allem die leitenden Kräfte im öffentlichen Leben. Der Manager ist oft die Verkörperung aller weltbemeisternden Kräfte bei völligem Mangel eines Sinnes für inneres Reifen und seelische Tiefe. Er ist der Mensch, der alles hat, kann und weiß, aber noch nicht er selber *ist.*

Nur ein Beispiel für die Folgen der Vernachlässigung der weiblichen und damit auch der musischen Seite des Lebens: Ein Top-Manager erzählte mir einmal: „Ich habe alles, was ich brauche, bin gesund, finanziell gesichert, habe ein glückliches Familienleben. Und trotzdem habe ich Angst, nicht Furcht – vor irgend etwas, nein, Angst, grundlose Angst, obwohl kein Grund dafür vorliegt."

„Seit wann?" frage ich ihn. „Seltsame Frage", antwortet er, „aber lassen Sie mich nachdenken. Ja, seit etwa fünf Jahren. Könnte es vielleicht damit zusammenhängen, daß ich damals mein Cello, auf dem ich jeden Abend zu spielen pflegte, in den Schrank stellte, weil ich keine Zeit mehr dafür hatte?" Ganz offensichtlich war dies der Grund, denn musizieren, sich selbst einer Kunst wie dieser hinzugeben, bedeutet den Ausdruck der weiblichen Seite.

Wenn die weiblichen, auch die musischen Kräfte sich nicht ausdrücken können, schnürt es uns den Lebensatem ab und erzeugt in unserem Unbewußten tiefe Angst. Tausende von Menschen leiden in dieser Art.

Yin – Yang

Die moderne Psychotherapie hat es heute weitgehend mit dem Problem zu tun, die mit der Unterdrückung des Weiblichen verlorene Ganzheit des Menschen wieder herzustellen. So groß auch die Unterschiede zwischen den verschiedenen Schulen der Psychotherapie sein mögen, eine Erkenntnis verbindet sie alle: Es gibt nicht nur den Mann und die Frau, sondern auch das Männliche in der Frau und das Weibliche im Mann. Und um ein ganzer Mann zu werden und zu bleiben, muß man ein ganzer Mensch sein und also auch das Weibliche in sich zulassen und entwickeln. Diese Erkenntnis gewinnt an Tiefe im Hinblick auf das in der östlichen Weisheit lebende Symbol von Yin und Yang, vor allem auch im Hinblick darauf, daß global gesehen der Westen mehr den männlichen und Asien mehr den weiblichen Pol zum Ausdruck gebracht hat. Dabei dürfen wir die Begriffe Ost und West nicht nur in einem äußeren, völkerkundlichen Sinn verstehen. Sie bedeuten vielmehr zwei Seiten in jedem von uns.

Das Östliche betont mehr das Yin, das Westliche mehr das Yang. Yin meint mehr den weiblichen Charakter, der letztlich auf Erlösung der Seele im All-Einen zielt. Yang ist mehr das schöpferische Prinzip mit seinem Ja zur Besonderung und zur Mannigfaltigkeit der Gestalten. Yin hebt die Zeit auf im ewigen Jetzt. Yang kennt den Fortschritt der Zeit und also das stetige Verwandeln der äußeren Welt. Für jeden aber ist die Zeit gekommen, beiden Polen die nötige Achtung zu zollen und auf ihre Integration bedacht zu sein, also zu verstehen, daß Ost–West kein geographisches, sondern ein innermenschliches Problem ist. Das gilt auch, wie für jeden Menschen, für jedes Volk.

Der westliche Mensch leidet seit langem unter einer Form des Lebens, deren Hektik in jener Krankheit mündet, die wir „Streß“ nennen. Die wahre Ursache dieser Krankheit ist nicht eine Summe der äußeren Bedingungen, sondern das Fehlen des Kontaktes mit dem eigenen inneren Wesen. Das ist auch der Grund so vieler Leiden, für die keine äußeren Ursachen zu erkennen sind.

Ich gebe wieder ein Beispiel: Ein bekannter Fabrikbesitzer klagt mir seine tiefe Angst, sein Schuldgefühl und seine innere Einsamkeit. Und dies inmitten äußerer Sicherheit, Rechtschaffenheit und äußerer Geborgenheit. Ich frage ihn: „Haben Sie irgendeine Devise, die für Ihr Leben bestimmend ist?" „O ja", antwortet er, „und ich habe sie auch überall in meiner Fabrik angeschlagen: ‚Leistung ist alles!'" Und als ich ihn frage: „Haben Sie denn niemals beachtet, daß es auch so etwas wie eine innere Entwicklung des Menschen gibt?" antwortet er, etwas unsicher geworden: „Meinen Sie etwa so etwas wie Religion? Nein, glauben Sie mir, damit kann man keine Maschinen bauen!"

Dieser Mann, der alles besaß, was die Welt einem geben kann, hatte sich um seine Seele betrogen. So mußte er auch mehr als andere unter den drei Nöten des menschlichen Lebens leiden: der Angst vor Vernichtung, dem Zweifel am Sinn des Lebens und der Trostlosigkeit der Einsamkeit, all dies inmitten äußerer Gesichertheit, sinnvoller Arbeit und gesunder Gemeinschaft. Allein das Einswerden des Menschen mit seinem innersten Wesen könnte ihm das Gefühl unverletzlicher Sicherheit selbst mitten in tödlicher Gefahr, das Bewußtsein eines tiefen Sinnes auch inmitten weltlicher Sinnwidrigkeit und das Bewußtsein tiefer Geborgenheit selbst in weltlicher Einsamkeit geben. Das Gewichtigwerden dieser Erfahrung kennzeichnet die Morgendämmerung in der Umnachtung des westlichen Geistes und auch den Ort der tiefsten Bedeutung östlicher Lebensweisheit für den westlichen Geist.

Die große Wende

Wir stehen heute in einer Zeit der großen Wende. Der innerste Kern des Menschen, sein transzendentes Wesen, war lange in Vergessenheit geraten. Aber die lebendige Wurzel, die er ist, kann niemals zerstört werden. Wo immer dieser Kern vergessen wird – unfehlbar kommt die Zeit, in der er aufbegehrt. Diese Entdeckung kennzeichnet den Zukunftsmenschen des Westens. Zum ersten Mal in der Geschichte der Menschheit nimmt die westliche Welt Erfahrungen ernst, in denen dieser Kern sich meldet. Es geschieht heute nicht nur, wie zu allen Zeiten, in jenen kleinen Kreisen, die man die Mystiker nannte, sondern auf breiter Front. Das bedeutet, schlicht gesagt, die Wiederentdeckung der Seele, nun aber nicht als eine Angelegenheit des Glaubens, sondern als eine unausweichliche und erfahrbare Wirklichkeit.

Der überkluge Geist jener Wissenschaftler, der als Wirklichkeit nur anerkennt, was sich, wie Descartes es ausdrückt, losgelöst von unserem Erleben nahtlos einem vorgegebenen Gefüge von Begriffen einpassen läßt, lächelt natürlich über die Behauptung, es gäbe eine innere Wirklichkeit von anderem Gewicht, anderer Ordnung und anderem Rang als die der Welt, aber von größerem Gewicht als sie und bestimmt, die Führung zu übernehmen. Es gehört schon zur Tradition der einseitigen Vertreter der Naturwissenschaft und Technik, diese angebliche Wirklichkeit als etwas nur Subjektives anzusehen und abzuwerten. Es ist die Tragödie des abendländischen Geistes, daß die für die Entwicklung der Welt Verantwortlichen der inneren Seite des Menschen nicht das Maß an Wirklichkeit zugebilligt haben, das sie ganz selbstverständlich der äußeren zugestanden. Die Definition des Menschen ist für den Wissenschaftler: Er ist eine Fehlerquelle, denn alles, was von seinem Standort aus festgestellt ist, ist subjektiv.

Dieses Urteil kennzeichnet paradigmatisch die für die abendländische Entwicklung so folgenschwere Entscheidung zugunsten einer Überordnung der objektiven, rational faßbaren über die innere Wirklichkeit des Menschen. Dies ist ohne Zweifel mit die Ursache für die außerordentliche Entwicklung aller wissenschaftlichen Erkenntnis und der aus ihr hervorgegangenen technischen Leistungen, aber auch für die Entwicklung der großen philosophischen Systeme.

Die Einseitigkeit dieser Bewertung des Objektiven hatte die tragische Folge, daß auch der Mensch überwiegend im Hinblick auf seine technische und moralische Leistung, unabhängig von seiner inneren Verfassung, gewertet wurde. Das innere Werden wurde nicht zum Thema. Auch im Bereich des religiösen Lebens gewinnt dann der von allem Erleben unabhängige Glaube an einen objektiven Gott und das sichtbare Werk in der Welt den Vorrang vor einer inneren Entwicklung und einer lebendigen Religiosität, die auf innerer Erfahrung gründet und die personale Vollendung eines in der Transzendenz verankerten Menschen fordert. Für die hier notwendige Neuorientierung ist die Begegnung mit der östlichen Tradition von entscheidender Bedeutung.

Für den Buddhisten besteht kein Zweifel an der Realität der Buddha-Natur, denn er ist gelehrt und geführt, sie zu erfahren. Ebenso ist für den Hinduisten Atman kein bloßer Glaubensartikel, sondern das letztlich auf dem inneren Weg erfahrbare Selbst. In der Entwicklung der christlichen Religiosität jedoch ist die erfahrbare Wirklichkeit des „Christus in uns" weitgehend in den Hintergrund gedrängt durch die Betonung des den Christus inkarnierenden historischen Jesus.

Die vielleicht gewichtigste neue Bewegung westlicher Geistigkeit ist daher der revolutionäre Trend innerhalb der christlichen Kirche. Die junge Generation der christlichen Priester und Theologiestudenten befindet sich immer mehr in einer offenen Revolte gegen die Tradition. Sie beschweren sich über eine einseitig formalistisch gewordene Theologie und den Mangel an Führung zu innerem Leben. Ich bin in den letzten Jahren Hunderten von Priestern begegnet, die eine neue Verankerung ihres religiösen Lebens in der Ur-Erfahrung des Göttlichen und einer zu ihr hinführenden Exerzitienpraxis suchen. So nehmen sie auch begierig die ihnen vom Osten kommende Kunde vom inneren Weg und den Erfahrungen, um die er kreist, auf.

Es mag für Sie seltsam klingen, daß eine Lehre vom Weg zur Entdeckung des wahren Selbstes und also zur Selbstverwirklichung des Menschen keinen Platz in der Tradition des Westens hatte, abgesehen von kleinen, mehr oder weniger geheimen Kreisen wie denen der Rosenkreuzer, Alchimisten, Tempelritter, Mystiker u. a. Lebendig war und ist der Geist der Seele in der großen Dichtung, in der das Bild des Menschen mit all seiner Tiefe gestalterischen Ausdruck fand. Aber Vertreter der Berufe, die es verantwortlich mit dem Menschen zu tun haben, weder Arzt, noch Erzieher oder Priester hörten in der Regel während ihrer Universitätsausbildung eine einzige Vorlesung über den Menschen, geschweige denn, daß wir im Westen etwas Ähnliches haben wie die im Osten lebendige Tradition des geistlichen Führers, des Meisters, des Guru.

Die Erfahrungen, um deren Ernstnehmen es heute geht, sind diejenigen, in denen der Mensch unabweislich und eindeutig eine ihm immanente überweltliche Innerlichkeit erfährt. So, wo er in der tiefsten Dunkelheit menschlichen Leidens: in der Angst vor der Vernichtung, vor dem Tod; in der Verzweiflung am Widersinnigen und der Trostlosigkeit der Verlassenheit ein Leben erfährt, das jenseits ist von Leben und Tod; einen Sinn, der jenseits ist von Sinn und Unsinn dieser Welt, und eine Geborgenheit, die in wunderbarer Weise den in der Welt Verlassenen umfängt. Stellt man diesen Erfahrungen gegenüber die Frage, mit welchem Recht wir hier von einer uns berührenden, überweltlichen Wirklichkeit sprechen, so kann man nur antworten: Was kann der Mensch Wirklicheres erfahren, als etwas, das ihn mit einem Schlage von der Angst vor dem Tode, aus der Verzweiflung am Absurden und von der Trostlosigkeit der Verlassenheit befreit, ihn also mitten im Elend der Welt das Glück einer überweltlichen Dimension erfahren läßt?

Der östliche Geist hat um die Erfahrungen, in denen diese Wirklichkeit aufblitzt, von jeher gewußt, so im Satori des Zen oder im Samadhi des Hinduismus. Davon zu erfahren empfindet der Mensch des Westens als eine wichtige Bestätigung seiner neuen Wesenserfahrung. Es wird ihm deutlich, daß die Buddhanatur kein Privileg des Buddhismus, Atman kein Privileg des Hinduismus ist, sondern die Präsenz des allen Menschen immanenten Göttlichen im Bilde der eigenen Tradition.

Das Transzendieren des Horizontes unserer natürlichen Ich-Welt weist nicht nur auf eine außermenschliche Wirklichkeit, sondern auf die im Osten von jeher gesehene und anerkannte tiefste innermenschliche

Wirklichkeit, d.h. der Mensch ist in seinem Kern das, was ihn als eine überraumzeitliche Wirklichkeit in seinem natürlichen Horizont überschreitet.

Der Weg und die Meister

Seit Urzeiten besitzt der Osten seine Meister, seine Gottmenschen, seine Gurus, die dem Jünger den Weg zu fortschreitender Einswerdung mit dem ihm immanenten göttlichen Sein weisen.

Der Meister ist die Antwort auf den Ruf dessen, der den Weg sucht. Weil der westliche Geist ganz und gar dem großen Werk in der Welt zugewandt war, hat das innere Werk der Verwandlung nie die ihm zukommende Bedeutung gewonnen, von den geheimen Orden und Zirkeln abgesehen. So ist der Ruf nach dem Meister nie laut geworden.

Heute bedarf der Mensch des Westens anderer Hilfe als solcher, die lediglich seine körperliche und seelische Gesundheit und Leistungsfähigkeit wiederherstellt. Diese Situation zwingt heute auch Psychologen und Psychotherapeuten in westlichen Ländern dazu, neue Wege einzuschlagen.

Der vielleicht wichtigste Einfluß, den die westliche Welt vom Fernen Osten erfuhr, betrifft die praktischen Übungen im Dienste der Selbstverwirklichung des Menschen.

Was diese praktischen Übungen anbetrifft, so haben wir vom Osten gelernt, daß es deren zweierlei Art gibt: 1. die mehr passive Form der Meditation, wie beispielsweise das Sitzen in Stille in der Weise des Za-Zen oder auch die ewige Wiederholung eines Mantrams, wie es heute in der weitverbreiteten Bewegung der „Transzendentalen Meditation" des Maharishi Mahesh gelehrt wird, und 2. die aktive Form meditativer Übungen, wie sie vor allem durch die Yoga-Praxis vertreten ist, insbesondere in Gestalt des Hatha-Yoga, und des weiteren all die Übungen, die aus dem Fernöstlichen, der chinesischen und japanischen Tradition zu uns kommen, als da sind das chinesische T'ai-Chi-Chuang sowie die im japanischen Zen-Buddhismus bestehende Tradition, äußere Leistung wie das Bogenschießen oder auch das Malen und andere Künste zur Förderung des inneren Menschen zu üben.

Wo solche Übungen in den Westen kommen, droht ihnen jedoch die Gefahr, ihres initiatischen Sinnes beraubt und zu einer pragmatischen Übung umgemünzt zu werden. Yoga wird zur Gymnastik, die Wiederholung eines Mantrams zu einer Einübung von Eigenschaften wie Konzentration und Gelassenheit, die eine Steigerung der Leistungs- und Widerstandsfähigkeit in der Welt versprechen. Aber trotz alledem erhält sich in ihnen meist ein Zug zur höheren Geistigkeit, die den Menschen tiefer in seinem Wesen verankert.

Meditative Übungen

Einer der wichtigsten Durchbrüche des westlichen Geistes zum Ernstnehmen der uns immanenten Wirklichkeit des Göttlichen begann mit der Veröffentlichung des Berichtes, den der deutsche Professor Eugen Herrigel über die sein Leben wendende Erfahrung gab, die ihm seine Übungen im Bogenschießen unter der Führung eines japanischen Meisters brachte. Herrigel lehrte sieben Jahre als Professor der Philosophie in Niegata im Norden Japans. Die wichtigste Frucht seines Aufenthaltes war seine Verwandlung zu einem neuen Leben, die er seiner Erfahrung im Bogenschießen verdankte. Dieser Wissenschaftler und Philosoph hatte begriffen, daß innere Verwandlung mehr bedeutet als eine in einem philosophischen System sich darstellende theoretische Erkenntnis. Seine kleine Schrift wurde in allen Sprachen veröffentlicht, und ihre Wirkung in allen Kreisen, die es mit der Erziehung des Menschen zu tun haben, ist nicht zu unterschätzen.

Ich selbst habe lange Jahre das Bogenschießen in Japan geübt, und obwohl ich längst nicht Herrigels Meisterschaft in dieser Kunst zu erreichen vermochte, glaube ich doch, den Sinn solcher Übungen verstanden zu haben. Sie bedienen sich der Erwerbung einer äußeren technischen Meisterschaft zur Förderung und Entwicklung des inneren Menschen.

Worin auch immer die besondere Kunst bestehen mag, am Anfang steht immer die Erlernung einer Technik. Beim Anfänger bedarf es, um voranzukommen, eines wachen, vielleicht auch ehrgeizigen Ichs, einer unablässigen Konzentration und einer nie nachlassenden Willenskraft, um zum Erfolg zu kommen und nicht zu versagen. Je mehr aber die Technik beherrscht wird, um so weniger bedarf der Übende des Ichs. Je mehr das Verständnis für den Sinn des inneren Weges wächst, desto mehr wird der Übende bemüht sein, dieses ehrgeizige Ich fallen zu lassen und zu einer Meisterschaft zu gelangen, die dann auch der Konzentration und Willenskraft entbehren kann. Und dann kann der Augenblick kommen, wo die vollendet gemeisterte und des kleinen Ichs nicht mehr bedürfende und daher von ihm gereinigte Technik einer tieferen Kraft in uns überlassen wird, die nunmehr ohne unser Zutun die vollendete Leistung wie von selbst herausspielt und damit in der Sprache der Leistung das ewige Lied vom göttlichen Sein singt – Augenblick einer für den Übenden oft überwältigenden und verwandelnden Seinserfahrung! Denn nicht der Übende hat es vollbracht, sondern die seinem Wesen innewohnende andere Kraft.

Ich gebe Ihnen nun ein Beispiel aus meiner eigenen Erfahrung: Zu den traditionellen Übungen in Japan gehört auch das Malen, und eine der Anfangsübungen des Schülers ist das Malen des Bambus. Unter der Leitung eines alten Meisters widmete ich mich selbst eine Weile dieser Übung. Eines Tages ging es wieder einmal um das Blatt des Bambus. Täglich viele Stunden immer das Blatt. Es war zum Verzweifeln: alles mögliche kam zum Vorschein, aber kein Blatt! Bananen-, bohnen-, würstchenähnliche Gebilde, aber kein Blatt! Nach vielen Stunden gab ich es auf und ging schlafen. Ich erwachte, weil ich das Gefühl hatte, nun könnte es gelingen, stand auf, bereitete die Tusche und begann von neuem, um es nach zwei Stunden vergeblichen Bemühens wieder aufzugeben. Ein dritter Versuch in der gleichen Nacht war wiederum gescheitert, und erschöpft hörte ich auf. Aber in diesem Augenblick, als ich den Pinsel zur Seite legen wollte, entschlüpfte ihm, wie von selbst, ein Blatt. Diesesmal wirklich ein lebendiges Bambusblatt! Ich sah es voller Erstaunen. Was war geschehen? Ich war selbst zum Bambusblatt geworden, kein sich bemühendes Ich stand mehr im Wege, und ein großes Glücksgefühl erfüllte mein Herz. Am nächsten Tag kam der Meister, und ohne das geringste Zögern griff er aus der Menge der vielen Blätter dieses eine heraus.

Das in diesen Praktiken enthaltene Grundprinzip ist das gleiche, das man in allen initiatischen Praktiken der Welt wiederfinden wird. Das kleine Ich muß sterben, um den Weg zur Geburt eines tieferen Selbstes freizugeben. Zunächst muß der Mensch mit seinem Ich die Technik beherrschen lernen, dann aber es zu opfern wissen. Dieses Opfer aber meint einen Schritt über die Schwelle auf dem Weg innerer Verwandlung, weg von einer Zentrierung im Welt-Ich hin zu einer Verankerung im Wesen. Die Bedeutung dieser Exerzitientradition besteht in der hier vollzogenen Kombination eines Trainings zu einer äußeren Leistung mit einer Übung auf dem inneren Weg.

Das ist aber genau die Chance, deren wir heute bedürfen, wir alle, die wir im Bemühen um die Erreichung, Bewährung und Bewahrung äußerer Leistungskraft in der Gefahr sind, uns auf dem Weg in die innere Reife zu verfehlen. Diese Entdeckung der Möglichkeit, die Beherrschung einer für die Welt nützlichen Leistung zu verbinden mit einer Übung im Dienste unseres inneren Reifens, gewinnt an Wichtigkeit und Lebensnähe, sobald wir erkennen, daß diese Weise, dem inneren Weg zu dienen, eine Chance hat auf jedem Feld unseres Lebens, wo immer wir etwas technisch zu beherrschen und automatisch zu vollziehen vermögen. Die Voraussetzung ist natürlich, daß unser Geist ohne Unterlaß auf ein Weiterkommen auf dem inneren Weg gerichtet ist. Je mehr wir dann vorankommen, um so mehr wird die buddhistische Weisheit zur Erfahrung, daß „jede Situation die beste aller Gelegenheiten ist" – Gelegenheit, in der Welt von der Treue zum Überweltlichen zu zeugen, und der Sinn einer vollendeten Technik ist dann nicht die großartige Leistung, sondern ein Schritt voran auf dem Weg des inneren Werdens.

Hara

Die Erfüllung des Auftrags, auch in der Welt in steter Verbundenheit mit dem Wesen zu bleiben, wird in entscheidender Weise gefördert durch die Übung des Hara, wie sie in der japanischen Tradition überliefert ist. Wörtlich bedeutet Hara „Bauch", genauer die Mitte des Leibes, im übertragenen Sinn aber diejenige Gesamtverfassung des Menschen, in der er frei ist von der Vorherrschaft des kleinen Ichs und offen zur Erkenntnis und Bezeugung seiner Verwurzelung in seinem überweltlichen Wesen, so daß er fähig wird, im souveränen Umgang mit der Welt von ihm zu zeugen. Die Hara-Praxis erlaubt daher in besonderer Weise gleichzeitig in der Fähigkeit zur äußeren Leistung und auf dem Wege in die innere Reife voranzukommen, trägt also in gleicher Weise pragmatische und initiatische Frucht. Die Hara-Praxis ist eines der großen Geschenke, die der Osten dem Westen gegeben hat. Die Entdeckung der Möglichkeit, planmäßig die Förderung weltverwandelnder Leistungskraft zu verbinden mit der den Menschen verwandelnden Praxis des inneren Weges wirft ein neues Licht auf die mögliche Fruchtbarkeit der Integration westlichen und östlichen Geistes.

Der Geist des Ostens steht seit Urzeiten für die Entwicklung des inneren Menschen. Der Geist des Westens gewann seinen Ruhm durch die technische

Meisterschaft über die Natur im Dienste der Verwandlung der Welt. Der Geist des Ostens, ausgehend vom Leiden des Menschen, kreist vor allem um Fragen der Erlösung in der Erfahrung des all-einen Seins. Der westliche Geist dagegen kreiste immer mehr um die schöpferische Bewältigung der äußeren Bedingungen unseres Lebens. Diese Lage hat sich in den letzten Jahrzehnten verändert. Wo Hunger das Feld beherrscht, bedarf es des Einsatzes der Mittel wissenschaftlicher Erkenntnis und technischer Organisation, um die Not zu beheben. Und doch, wenn heute beispielsweise in diesem Lande Ergebnisse westlichen Geistes ihren Einzug halten, so bedeutet das nicht den Import eines dem östlichen Menschen fremden Geistes, sondern das Aufnehmen und Aufgehen einer Seite des Menschen, die dem östlichen Menschen nicht weniger innewohnt wie dem westlichen. So wie umgekehrt die befruchtende Aufnahme östlicher Tradition für den westlichen Menschen kein Import eines wesensfremden Geistesgutes ist, sondern die Anerkennung und Neubelebung ureigenen Geistesgutes, das auch früheren Epochen unserer Geschichte nicht unbekannt war und in der Tradition unserer Religion, Philosophie und Kunst nie ganz verloren war. Mit anderen Worten: Wir Menschen des Westens müssen in uns selbst die zur Ganzheit unseres Menschseins gehörende östliche Komponente unseres Wesens wieder entdecken und ernst nehmen, so wie der Osten für sich die zur Ganzheit auch des östlichen Menschen gehörende westliche Komponente seines Geistes entwickeln und ernst nehmen muß. Diese Integration östlichen und westlichen Geistes wäre auch der Beweis für die Möglichkeit nicht nur gleichzeitiger, sondern sich wechselseitig bedingender Entwicklung von weltlicher Leistungskraft und seelischer Reife. Dies sollte nicht nur für das individuelle Leben des einzelnen und seine persönlichen Gemeinschaften gelten, sondern auch für die mögliche Entwicklung eines fruchtbringenden Verhältnisses der Völker untereinander.

Wenn es wirklich eine Möglichkeit geben sollte für eine im tiefsten Sinn fruchtbringende Zusammenarbeit der Völker, so werden weder Wissenschaftler noch Priester, weder der Techniker noch der Weise allein es sein, die sie verwirklichen. Es bedarf vielmehr der Führenden in Politik und Wirtschaft, die es vermögen, ihre Macht in der Welt mit der Weisheit des Herzens, ihr Ja zu Wissenschaft und Technik mit der realistischen Anerkennung der seelischen Werte und Mächte zu verbinden.

Ich schließe mit einem Wort von Nehru, das im übertragenen Sinn für den Westen nicht weniger Bedeutung hat als für den Osten: „Können wir den Fortschritt auf dem Feld der Wissenschaft und Technik verbinden mit dem Fortschritt auf dem Felde unseres Geistes? Wissenschaft und Technik können wir nicht mehr vernachlässigen, denn in ihnen bewegen sich die Grundgegebenheiten unserer Zeit. Aber weniger noch dürfen wir jenen Fundamenten unserer geistigen Tradition untreu werden, von denen seit Urzeiten der indische Geist gezeugt hat."

V

Vom Sinn und Wert östlicher Übungen*

Für jeden, der das Glück hatte, mit östlichen Übungen vertraut zu werden und im Laufe von Jahren dabei zu Erfahrungen zu gelangen, die ihn menschlich förderten, erhebt sich mit Notwendigkeit die Frage, was davon „übertragbar“ sei und ob der Segen solcher Übungen nicht auch bei uns fruchtbar gemacht werden könnte. Auch nach der Lektüre von Eugen *Herrigels* Buch „Zen in der Kunst des Bogenschießens“ ist man von diesem Problem bewegt.

Als ich nach Jahren eigener Übung im Bogenschießen in Japan einmal meinen japanischen Lehrer fragte, wie er über die Einführung des Bogenschießens in Deutschland denke, antwortete er: „Gewiß, das könnte für Deutschland von großer Bedeutung sein.“ Als ich ihn dann weiterfragte, wie er das meine, sagte er: „Nun, da ist Meister Herrigel, und da sind Sie jetzt auch auf dem Wege, sich die ‚große Lehre‘ zu eigen zu machen. Wenn Sie fleißig weiterüben und, gesetzt den Fall, es gelänge dann Ihnen und Meister Herrigel im Laufe Ihres Lebens je einen oder zwei Schüler zur Meisterschaft zu führen, so wäre das gewiß für Deutschland ein großer Gewinn.“ – So denken die Meister des Ostens über die Breitenwirkung ihrer Kunst. Ein Meister mag wohl viele Schüler haben, aber er hat einen

---

* Zu Eugen Herrigels „Zen in der Kunst des Bogenschießens“ (Konstanz: Kurt-Weller 1947; München: O.W. Barth [22]1983).

oder höchstens zwei, denen er „Es" so weitergeben kann, daß es dann durch ihn hindurch in die Welt hineinstrahlt. Auf dieses „Es" und seine Ausstrahlung aber kommt es an – das heißt auf den Durchbruch des Menschen zum Tao oder, wie es in Japan in den Kreisen des Mahayana-Buddhismus auch heißt, zu seiner Buddha-Natur. Der dann unverstellt vom Tao Bewegte und „ohne Tun" aus dem Tao Herauswirkende – das ist das Ziel aller Übung und auch der einzige Maßstab, mit dem man dem Wesen östlicher Übung, die diesen Namen verdient, gerecht werden kann.

Die „Übung", recht verstanden, ist ein vom Menschen selbst geschaffener Weg – im Unterschied zu dem vom Leben und Schicksal gegebenen Weg des Leidens –, auf dem der Mensch Stufe um Stufe auf *den* Weg gelangen kann, auf dem er sich zu seinem eigentlichen „Wesen" befreit. Es ist ein Weg zur höchsten dem Menschen zugänglichen Verfassung und Haltung, in der er, in Einsfühlung mit dem in seinem Wesenskern lebendigen Absoluten, dieses in zunehmender Reinheit spiegelt und als ein durchlässiges Medium und unverstelltes Organ, in der Welt sich bewegend und handelnd, offenbart. In der Schule einer Jahre oder Jahrzehnte hindurch in harter Selbstzucht geübten und immer von neuem demütig vollzogenen Handlung wird der Mensch allmählich aufgeschlossen für das in den unbewußten Tiefen seines individuellen Selbstes lebendige Wesen aller Dinge und für die große Einswerdung bereitet. Nur „bereitet" – denn auch nach der Auffassung östlicher Meister kann diese niemals mit dem Willen erzwungen, gemacht oder auch nur gewollt werden; aber dem Bereiten wird sie – vielleicht – zuteil.

So steht die Übung im östlichen Sinn (japanisch „Gyo") im Dienst des das innerste, eigentliche Wesen befreienden Werdens, in dem der Mensch seiner eigentlichen Bestimmung entgegenreift: seine Buddha-Natur zu entdecken und Tao zu offenbaren. Übung ist hier ein Exerzitium zur Reife. Das Sinnzentrum der Übung ist aber nicht die Leistung, sondern der sie vollbringende Mensch. Und so haben auch Technik und Können einen ganz anderen Sinn als überall dort, wo es auf die Leistung als solche ankommt; so wie der Gereifte der in einem innerlichen Sinn Geübte ist, so ist auch die in der Übung gewonnene Technik wesentlich mehr als nur Voraussetzung für eine im äußeren Sinn wunderbare Leistung. Die nicht nur äußerlich angeeignete, sondern innerlich geübte, das heißt ins Innere dringende Technik verwandelt den Menschen von Grund auf, und umgekehrt ist die Verwandlung des Menschen die Voraussetzung für die Höchstform der Technik. Können zeigt immer vorausgegangene Übung. Die „Hohe Kunst" aber, die der „Großen Lehre" des Zen entspricht, zeigt den Geübten, in dem als dem Gereiften das Können selbst Ausdruck ist eines verwandelten *Seins.* Nur so auch wird es begreiflich, daß man im Osten auch von einem Tao der Technik sprechen kann, worin Technik und Tao im Menschen eins geworden sind und jene dann dieses „äußert" *.

Auch das Können eines nur im äußerlichen Sinn Geübten kann wunderbare Leistungen vollbringen. Aber auf diese kommt es gar nicht an. Wenn wir von östli-

---

* Vgl. „Das Tao der Technik", von Meister *Kenran Umeji,* im Textanhang zu *K. Graf Dürckheim* „Japan und die Kultur der Stille" (München: O. W. Barth 1949).

chen Übungen hören, denken wir nur allzuleicht an die Wunderleistungen der Yogis. Fragt man einen japanischen Meister nach diesen, so wird er, wie ich es zu wiederholten Malen erfuhr, antworten: „Selbstverständlich kann ein Mensch, der sich jahrelang der Ausbildung verborgener Fähigkeiten widmet, Fertigkeiten gewinnen, mit denen er Wunderleistungen zu vollbringen vermag. Aber was hat das mit seiner Menschwerdung, was mit seiner Buddha-Natur zu tun? Wer wirklich ein Lebensmeister geworden ist, der kann auch Wunder tun, aber Wunderwirken ist an sich noch kein Zeichen rechten Meistertums. Es ist ohne Erleuchtung möglich und kann des Teufels sein."

Worauf es in der östlichen Übung eigentlich ankommt und in welchem Sinn der Westen etwas aus ihr lernen kann – das zu klären und zu entscheiden wird immer davon abhängen, daß Menschen westlichen Geistes nicht nur mancherlei darüber gelesen haben, sondern daß sie selbst unter der Anleitung östlicher Meister geübt und es zu einer gewissen Stufe gebracht haben. Außerdem müssen sie die geistigen Voraussetzungen besitzen, um über ihre Erfahrungen berichten zu können. Unter solcher Forderung bedeutet Eugen Herrigels Abhandlung über „Zen" einen unschätzbaren Beitrag. Der Zufall will es, daß mich in Japan in den Jahren zwischen 1938 bis Kriegsende die gleichen Erscheinungsformen des japanischen Geistes beschäftigten, über die Herrigel berichtet. Der bevorzugte Gegenstand meiner Forschungen war der Zen-Buddhismus; die Übungen, denen ich mich unter Anleitung japanischer Meister unterzog, waren das Bogenschießen, das Tusche-Malen und das Atmen. Das Gyo meines Hauptlehrers im Zen war „Kendo" (Weg des

Schwertes), und endlich war mein Lehrer im Bogenschießen Meister Kenran Umeji, der der gleichen Tradition zugehörig war wie Herrigels Lehrer. So glaube ich, gewisse Voraussetzungen zu besitzen, über Herrigels Buch zu urteilen.

Es ist eine unbedingt zuverlässige Darstellung der Sache, ist behutsam und weise in der Auswahl der im einzelnen mitgeteilten Vorgänge, Erlebnisse und Meisterworte, eindrucksvoll in der packenden Wiedergabe der vom Übenden zu durchleidenden Stationen und Krisen und bis in die Sprache hinein geformt und „verhalten" von dem Geist, den er aus eigener Zen-Erfahrung zu vermitteln sich anschickt. Herrigels Einführung ist mehr als eine interessante Darstellung aus einer uns fernen Welt. Es hat – und das ist wohl das beste, was man über ein Buch wie dieses sagen kann – für den Aufgeschlossenen die Kraft des überspringenden Funkens. In der Mitteilung der vom Verfasser persönlich gemachten Erfahrungen sind Hinweise auf die allgemeinmenschliche Bedeutsamkeit von Erlebnissen enthalten, die keineswegs in solchen Übungen allein auftreten, ja, teilweise überhaupt nicht an „Übungen" gebunden sind. Die in jeder wirklich gekonnten Handlung enthaltene „innere Chance" blitzt auf, die in jedem echten Werkbezug enthaltenen inneren Möglichkeiten werden handgreiflich spürbar, der innere Sinn automatisierter Funktionen wird mit Eindringlichkeit anschaulich. Die wenigen Seiten, die Herrigel beispielsweise über seine Erfahrungen im Fortschritt des Atmens schreibt, dürften nicht nur manchem Atemlehrer wesentlich Neues sagen, sondern für weitere Kreise das Geheimnis des Atems in einer Weise anklingen lassen, die sich ebensosehr von nur technischen Anweisungen wie von schwülstig-verschwommenen Lobgesängen über diese Grundkraft des Lebens unterscheidet. Endlich aber ist Herrigels Erlebnisbericht wieder ein eindrucksvolles Zeugnis dafür, daß das, was der Osten das „Große Eine" nennt, keineswegs nur in den Erlebnistiefen des Ostens ruht, geschweige denn nur das Produkt einer östlichen Spekulation ist, sondern eine allgemeinmenschliche Erfahrungswirklichkeit meint.

Wörtlich heißt es bei Herrigel: „Der Japaner versteht unter der Kunst des Bogenschießens nicht ein durch vorwiegend körperliche Übung mehr oder weniger beherrschbares Können, sondern ein Können, dessen Ursprung in geistigen Übungen zu suchen ist und dessen Ziel in einem geistigen Treffen besteht: so daß also der Schütze im Grunde genommen auf sich selbst zielt und dabei vielleicht erreicht, daß er sich selbst trifft." Es ist also nicht so, daß sich „die überlieferte Technik des Bogenschießens, seit es im Waffengang keine Rolle mehr spielt, in einen heiteren Zeitvertreib verwandelt, damit aber zugleich verharmlost wäre". Das Bogenschießen ist nach wie vor „eine Angelegenheit auf Leben und Tod in dem Maße, wie es Auseinandersetzung des Schützen mit sich selbst ist". Das Bogenschießen ist einer der Wege des Zen-Buddhismus, die „durch ein methodisch geübtes Sichversenken dahin führen sollen, im tiefsten Grunde der Seele des unnennbaren Grund- und Weiselosen inne-, noch mehr: mit ihm eins zu werden". Die Priorität des „inneren Werkes" vor dem äußerlich sichtbaren wird deutlich gemacht. Und lebhaft wurde ich beim Lesen der immer erneuten Mahnungen des Meisters Awa, es käme nicht auf das Treffen an, daran erinnert, wie mich an dem Tage, an dem ich zum ersten Male im Kreise anderer Schüler auf die Scheibe (nicht auf das nur zwei Pfeillängen entfernte Strohbündel) schießen durfte, unversehens mein Meister anbrüllte, so daß es mich wie ein Donnerschlag durchfuhr: „Scheibe aus dem Auge!", und wie mir ein anderes Mal, nachdem ich zwei Schüsse abgegeben hatte, einer der anwesenden älteren Schüler, der mich von hinten beobachtet hatte, leise zuflüsterte: „Beim zweiten Schuß hätten Sie wohl gar zu gerne getroffen und waren Sie wohl ein wenig ehrgeizig. Das darf man aber nicht sein." Es geht um die innere Haltung, und das Zentrum des inneren Werkes ist das „Loskommen vom Ich!" Ein wahrer Leidensweg, das zu erreichen. Die Stationen, die im Bogenschießen dazu führen und die Herrigel vorzüglich beschreibt: Die totale Entspannung und Lockerung, die vollkommene Sammlung, das Eindringen in das Geheimnis des Atems, die in ewiger Wiederholung gewonnene bedingungslose Beherrschung der „Form" (der äußeren Technik), das Aufgehenlassen des „Geistes", das das geistige Schießen ohne alle Anstrengung möglich macht, das „Entwerden" jeglichen „Interesses", nicht nur am Treffen, sondern auch am inneren Vorankommen – alles geklammert, getragen und weitergetrieben allein durch eine unbeirrbare Unermüdlichkeit des ewig das Gleiche wiederholenden und immer fragloser werdenden Übens.

Angesichts eines solchen Weges wird mancher Europäer wohl fragen: Ist das denn nicht Stumpfsinn? Im Gegenteil, es ist ein fortschreitendes Bereitwerden, Hellhörigwerden, Sehendwerden ganz in der Tiefe – voller geheimnisvoller Lichter auf dem Wege, bis „Es" dann endlich aufgeht, erlebt wird und sich bekundet im vollkommenen Schuß. Der Schuß aber ist vollkommen, nicht weil der Pfeil ins Schwarze getroffen hat – vielleicht hat er sogar die Scheibe verfehlt – sondern weil und sofern er anzeigt, daß der Mensch endlich dazu gelangt ist, sein Ich fallen zu lassen und sich mit seinem Tun einer tieferen Kraft anheimzugeben, die sich nun seiner Form bedient. Ohne sein Zutun tritt sie in der vollkommen beherrschten Form und durch sie hindurch in der nun „absichtslos" vollzogenen Leistung in die Erscheinung, und wo und in dem Maße als der Mensch sich fortan nun ganz von ihr beherrschen zu lassen lernt, erscheint sie dann auch in einer im Äußeren immer vollkommeneren Leistung, deren höchste der Meister zeigt, der – wunderbar beschreibt Herrigel dieses Erlebnis – in der Dunkelheit der Nacht in die Mitte der Scheibe trifft und mit dem zweiten Pfeil den ersten spaltet! Auch der in diesem Schuß offenbar werdende Sinn liegt nicht in der wunderbaren Leistung, sondern im Offenbarwerden jener Kraft, an die der Mensch, sich selber verwandelnd, sein Ich-Sein verlor. „Der erste Schuß", sagte der Meister, „sei kein Kunststück gewesen, werden Sie meinen, sei ich doch mit meinem Scheibenstand seit Jahrzehnten so vertraut, daß ich sogar bei tiefstem Dunkel wissen müsse, wo die Scheibe sich befindet. Das mag sein, und ich will mich nicht auszureden versuchen. Aber der zweite Pfeil, der den ersten traf – was halten Sie davon? Ich jedenfalls weiß, daß nicht „ich" es war, dem dieser Schuß angerechnet werden darf. „Es" hat geschossen und hat getroffen. Verneigen wir uns vor dem Ziel als vor Buddha. Lassen Sie uns uns vor Buddha verneigen!"

Die Entdeckung, Befreiung und Bewährung des „wahren Selbstes" ist nicht nur der Sinn des Bogenschießens, sondern das Ziel einer großen Anzahl anderer Übungen. So vertieft auch Herrigel seine Beschreibung des Bogenschießens mit Beispielen aus der Kunst der Zen-Malerei und des Blumensteckens und durch eine gekürzte Wiedergabe eines erstmalig durch D. Suzuki zugänglich gemachten Traktates des berühmten Zen-Meisters Takuan über das „unbewegte Begreifen" in der Kunst des Schwertfechtens.* „Damit etwas religiöse Relevanz habe, bedarf es nur zweierlei", sagte mir einmal ein alter Lehrer des Zen, „es muß einfach und wiederholbar sein!" Einfach und wiederholbar? Unser ganzer Alltag ist von einfachen und wiederholbaren Handlungen durchzogen, und, in der Tat, wir finden sie fast alle in Japan zum Gegenstand einer in Meisterkreisen geübten Übung erhoben – angefangen und übergriffen von der Übung des Atems.

Aufs Ganze gesehen verteilen sich die in Japan gepflegten Übungen auf drei Kategorien: 1. Die Übung einer Grundfunktion, so die des Atems – mit ihr verbunden die Übung im Sitzen, die Übung der Regungslosigkeit des völlig entspannten Leibes – die Übung der leib-seelischen Mitte. 2. Versenkungsübungen im Sinne von Meditationen, zum Beispiel auf ein heiliges Wort, ein Mantram oder auch – im Rinzai-Zen auf einen paradoxen, das heißt logisch unlösbaren Satz (Koan). 3. Übungen, die, äußerlich gesehen, auf ein „sichtbares Werk" zielen, sei dies ein vollkommenes Gebilde, zum Beispiel ein Bild oder ein Blumenstück oder ein vollkommener Vorgang: ein Tanz, eine er-

---

* Ein von *Reibun Yuki* mitgeteilter Text von *Takuan* wurde mir in Japan zugänglich und findet sich gleichfalls in „Japan und die Kultur der Stille".

zählte Geschichte, eine kultische Handlung (z. B. Teezeremonie) – oder endlich eine Tathandlung wie das Schwertfechten, das Ringen oder das Bogenschießen. Keine dieser Übungen ist ohne die Grundübung des Atems, der Mitte und der Stille denkbar. Gemeinsam ist all diesen Übungen die unendliche Wiederholung, in der durch die Automatisierung eines zunächst die gespannte Aufmerksamkeit erfordernden Ablaufes allmählich die von Absicht und zielstrebigem Sich-Mühen getragene Ich-Gegenstand-Spannung verschwindet und im schließlichen Einswerden von Ich und Gegenstand das gegenständlich fixierende, intentionale Bewußtsein eingeklammert und dann ganz aufgehoben wird. Erst mit dem Augenblick, in dem es der intentionalen Spannung nicht mehr bedarf, kann es zur Aufhebung ihres Trägers, des unterscheidenden und fixierenden Ichs, kommen. Und erst wo dieses verschwindet, kann es zum Aufgehen des „Geistes" im Sinne einer überpersönlichen und überindividuellen Wesenskraft kommen. In ihrem Genuß vermag sich der Geübte im Zustande eines gereinigten Bewußtseins seines tieferen Selbstes befreiend innezuwerden. In ihrer Auswirkung kann die vollkommene Leistung „abfallen". Auch diese Leistung ist aber dann selbst nichts anderes als eine Offenbarung des „einen Wesens im Grunde". Im anderen Menschen, der Zeuge der gelungenen Leistung ist, wird, wenn er die rechten Voraussetzungen mitbringt, dann auch jene innere Bewegung ausgelöst, die gleichfalls in die Einheit des Grundes führt. So ist auch der Sinn aller im japanischen Sinne vollkommenen Form das Aufgehenlassen des „Reichs jenseits der Formen", und es ist die Funktion des „gestaltenden Geistes", dieses Reich fühlbar zu machen.

Immer also geht es um das Einswerden des Menschen mit dem „Weiselosen". Dieses ist keine Phantasie, kein Produkt einer Spekulation, sondern der Geübte „schmeckt" es, wie der Japaner sagt, als eine ganz unverwechselbare Wirklichkeit und Kraft und läßt das Sich-Auswirken dieses großen „Es" nur zu. Er vermag es, denn er steht ihm nicht mehr mit seinem Ich im Wege. Wo er die große Reinheit erlangt hat, das heißt sein Ich fallen zu lassen vermochte, wirkt er nur noch als eine Funktion des überweltlichen Grundes. Diese Reife, die der Geübte – sei es stufenweise oder einmal blitzartig – gewinnt, ist auch ihm keineswegs als Dauerbesitz geschenkt. Nur in unablässiger Weiterübung kann sie gehalten werden, nur in einer zunehmenden Vertiefung der Einswerdung Bestand haben. Es gibt nur ein Weitersteigen oder Zurückfallen, kein Stehenbleiben, und jede Stufe birgt neue und größere Gefahren eines Sturzes in die Tiefe.

Die japanische Übung dient der Entbindung des Wesens, das heißt des wahren Selbstes. Aber es wäre nur halbrichtig, wollte man darauf unseren Begriff der „Individuation" übertragen. In der Auffassung vom Selbst wird ein entscheidender Unterschied zwischen östlicher und westlicher Auffassung deutlich. Der individuellen Seele wird keine letzte Realität zugebilligt, und so zielt auch japanische Übung und Seelenführung keineswegs auf die Befreiung jenes Selbstes, das sich als „geschlossene Persönlichkeit" vollendet und bewährt. Der Grund hierfür ist nicht nur das Eingebettetsein des östlichen Menschen in das Kollektiv, richtiger gesagt in das konkrete Ganze seiner Ursprungs- und Lebensgemeinschaft, die, in einem traditionell gefestigten und geheiligten Gefüge sich erhaltend und fortsetzend, dem einzelnen kein Eigensein, sondern nur einen funktionellen Sinn zubilligt und auch einer Individuation in unserem Sinne von vornherein widerstrebt. Wichtiger und tiefgreifender ist es vielmehr, daß die Einheit des „Großen Lebens", das das kleine Leben und seinen Tod umgreift, noch so beherrschend und ungebrochen im Innesein des östlichen Menschen lebendig ist, daß das Ich sowenig wie die Individualität sich in seinem Bewußtsein zum Rang eigenwertiger Wesenheit zu erheben vermag. Der Mensch des Westens pflegt in einer Tradition aufzuwachsen, die die Begabung des Menschen zum Ich und seiner Rationalität sowohl wie den Anspruch auf eigenständige Personalität nicht nur zuläßt, sondern fördert und mit dem Gefühl heilig spricht, damit Voraussetzungen letzter Wert- und Seinsmöglichkeiten zu schaffen. So kommt es aber, daß das, was dem Abendländer einerseits als verlorenes Paradies, andererseits als transzendentes Fernziel vorschwebt, im Osten, wo Ichwerdung und Individualentfaltung, sobald sie einen Eigensinn zu bekommen drohen, als Quellen des Wahns gewittert und von vornherein zurückgenommen werden, als „heimziehende Immanenz" und „fortwirkende Präszendenz" gegenwärtig ist. Die Einsfühlung und Einswerdung mit der sich in der Mannigfaltigkeit nur artikulierenden Einheit des Grundes ist daher nicht lediglich ein Ziel einer auch uns Europäern eigenen Sehnsucht des individuellen Wesens, sondern Gehalt einer alles tragenden und richtenden Grund*erfahrung*. Und diese Erfahrung ist es, die in der Übung sowie in allem rechten Leben nur immer von neuem zu gewinnen, zu festigen, als Haltung einzuverleiben und in der Welt zu bewähren ist. Der alle anderen Werte des Lebens in den

Schatten stellende Wert der „Großen Erfahrung" der Aufgehobenheit des Menschen im Grunde, hat auch dazu geführt, daß es in aller Leistung nicht so sehr auf das bündige Gebilde, auf eigenständige Ordnungen und gestalthafte Vollendung der Welt ankommt, sondern auf die alles Welthafte sowohl wie das eigene Selbst betreffende Erlösung. Es geht um das Aufgehenlassen der Buddha-Natur in allen Erscheinungen des Lebens, die Wirbeln gleich vorübergehen und, in sich selbst ohne alle reale Substanz, nur als Spiegelungen eines sich selbst wollenden und egozentrisch sich festhaltenden Geistes eine unterschiedliche Eigenständigkeit von Dauer vortäuschen.

In dieser Auffassung erfüllt sich die Potentialität des „Menschen" als eines Wesens zwischen Himmel und Erde, nicht in der Entfaltung einer individuellen Seele, die, indem sie Himmel und Erde verbindet, sich auch als eigene Form vollendet und im beseelt-gestaltenden Geist der Persönlichkeit bewährt, sondern in einer Entwicklung und Reifung, welche die nur scheinbare Realität und Individualität der Seele zugunsten jener Einheit von Himmel und Erde im Menschen aufhebt, die sich zwar wie das Meer in den vorübergehenden Formen der Wellen offenbart, ihnen aber keine Eigenwirklichkeit gibt. Individuelle Welle für sich selber ist nichts und tut also auch ihr „Wesen" nur kund in dem Maße, als sie sich als Meer fühlt und offenbart.

Angesichts solcher Lebensanschauungen könnte es nun zunächst scheinen, als trenne eine unüberbrückbare Kluft in der Auffassung von Mensch und Seele die Lebensauffassung des Ostens von der unseren und als müsse also auch der Sinn östlicher Übungen von Grund auf dem Wege widersprechen, den der abendländische Mensch geht, der an das Eigensein der individuellen Seele wie an den Auftrag glaubt, sie im beseelt-ordnenden und gestaltenden Geist der Welt zu bewähren. So aber würde dann alle östliche Seelenführung, die sich in dieser großen Klammer bewegt, auch dort verdächtig sein müssen, wo sich ihre Anliegen streckenweise (wie etwa in der Forderung, ichlos zu werden) mit unseren Forderungen decken. Aber ist es denn wirklich so? Kann nicht auch die „Seele", an deren Eigensein *wir* glauben und auf deren freie Entfaltung und geistige Bewährung in der Welt wir zielen, wahrhaft nur dort zu sich selber kommen und sich entfalten, wo es gelingt, den Menschen nicht nur an jene Schichten anzuschließen, die als das in Bildern aufsteigende kollektive Unbewußte in ihm – auch schon weit über seine Individualität hinaus – am Werk sind, sondern erst dort, wo der Mensch zur Erfahrung jenes letzten Wesensgrundes kommt, in welchem es, wie Ekkehart sagt, „kein Hinz und kein Kunz mehr gibt"? Im tiefsten Grunde sind östliche und westliche Weisheit sich nahe. Das gilt vor allem mit Bezug auf den Mahayana-Buddhismus und insbesondere mit Bezug auf die Zen-Erfahrung des alle gegensätzliche Bilder aufhebenden, bildlosen Grundes, dem dann erst je und je jene verschiedenen und doch auch wieder ähnlichen Bilderwelten entsteigen, in denen der Mensch je nach seiner Art und Herkunft das Unfaßbare zu fassen und in der Welt zu bewähren sucht. Aber er kann es wahrhaft bewähren nur, wenn seine Selbstwerdung bis zu jenem Grund vorgedrungen ist, in dem auch der Eigen-Sinn seiner Individualität aufgehoben ist. Als ich Daisetzu Suzuki nach einem Vortrag, in dem er sich ausführlich über den Menschen als Individualität ausließ, fragte, wie er diese Betonung von Individualität in Übereinstimmung brächte mit der Auffassung vom All-Einen als der einzig wirklichen Wirklichkeit, antwortete er lächelnd: „Aber das ist doch dasselbe!" Das ist nur so zu verstehen, daß auch für den Japaner nur der voll zu seiner Individualität Gelangte ein Zeuge des All-Einen ist, und das All-Eine sich nur in einer voll ausgezeugten Individualität im Menschen manifestieren kann.

So wenig wir also östliche Übung, wie zum Beispiel das Bogenschießen, „einzuführen" vermögen, so sehr mag eine gültige Beschreibung ihres Vollzuges, wie sie Herrigels Erfahrung vermittelt, dem westlichen Leser je nach seiner Aufgeschlossenheit und eigenen Reife Wege anzubahnen helfen, die keineswegs nur östliche, sondern eine allgemeinmenschliche Bedeutung haben. Es mag ihm insbesondere helfen, wieder jenes unbefangene Vertrauen zum qualitativ-eigenen und durch keine Analyse zurückführbaren Gehalt gewisser seelischer Grunderfahrungen zu gewinnen, das die Voraussetzung für ein ungebrochenes Leben „aus dem Grunde" ist. Darüber hinaus steht es für mich außer jedem Zweifel, daß wir vor der Aufgabe stehen, alte Tradition belebend, neue Wege zu Übungen im Sinn von Exerzitien zu finden – sowohl zu solchen, die in Form und Inhalt unserem Lebensrahmen und unserer besonderen Lebensanschauung entsprechen – also insbesondere auch unserem Werkwillen Rechnung tragen –, als darüber hinaus auch zu lernen, die allgemein menschlichen Grundfunktionen wieder in ihrem kosmischen und metaphysischen Sinn „wahr-zu-nehmen" und ins Bewußtsein zu heben, wie z. B. den Atem. Solange wir freilich von einem Wirklichkeitsbegriff im Bann gehalten sind, der sich auf die Realität beschränkt, in welcher der die äußere Welt meisternde Mensch an der Spitze menschlicher Seinsmöglichkeiten steht, solange der als unwirklich gilt, der sich nicht im raumzeitlichen Dasein durchzusetzen vermag, und solange jede Übung, sogar die des Atems, unter dem Gesichtspunkt einer Steigerung der Leistungskapazität angesehen wird, haben wir die Oberfläche noch nicht verlassen und reichen noch nicht bis zum Quellgrund wirklichen Heilwerdens hin. An dieses rühren wir erst dann, wenn und in dem Maße als wir jene eigentliche Grundwirklichkeit wieder zu fühlen lernen, zu der alle echte Übung bereitet.

Es wird immer nur eine begrenzte Anzahl von Menschen geben, die dazu aufgeschlossen sind. Mit Recht betont Herrigel: „Wer mystischer Erfahrungen nicht teilhaftig ist, bleibt, wie immer er sich auch drehe und wende, außerhalb stehen." Aber fest steht, daß der, welcher über die hier erforderlichen Erfahrungen auch nur im Ansatz verfügt, im anderen Saiten des Wesens anschlagen kann, deren Fortklingen mit jener schöpferisch-erlösenden Kraft fortwirkt, die vom Grunde her heilend ist!

So gewiß es ist, daß der Japaner, der in der gegenwärtigen Entwicklung fortschreitend aus seinen traditionellen Bindungen herausgerissen wird und hineingehoben in die Wertschätzung der rational mächtigen Kräfte des Ichs sowohl wie der individuellen Begabungen und Entfaltungsmöglichkeiten, heute vor der Gefahr schwerer Neurosen steht – denn die alte Überlieferung hat ihn keineswegs auf diese Entwicklung vorbereitet –, so gewiß hat er in seinen Übungen einen Weg, der ihn, ohne daß es einer systematischen Auflösung einzelner Komplexe bedürfte, ganz unmittelbar an jene Grundkraft anschließt, in deren heilenden Strömen nichts nach rückwärts „aufgelöst" zu werden braucht, wohl aber alles nach vorne „eingelöst" werden kann. Das in der recht vollzogenen Übung wie in der erschlossenen Einstellung überhaupt erfolgende „Aufgehen des Wesens" macht den Menschen vom Grunde her heil und ganz, weil es die die Totalität des Menschen durchwaltenden, ordnenden und ganzmachenden Kräfte des Wesens entbindet. Der Mensch wird heil in dem Maße, als er mit fortschreitender Einswerdung mit dem Grunde auf dem „Wege des Heils" einmündet.

Die hier angedeutete Zen-Mystik hat tiefste Beziehungen zur christlichen Mystik. Ich selbst habe davon mancherlei in persönlichen Begegnungen mit Zen-Buddhisten erfahren. Als mir im Sommer 1938 D. Suzuki zum ersten Male und nach langem Drängen etwas über die Stufen des Zen erzählte, unterbrach ich ihn an einer bestimmten Stelle und sagte: „Nun müßte dieser Schritt kommen" – er war erstaunt und fragte: „Woher wissen Sie das?" Worauf ich nur antworten konnte: „Wenn ich aus der Erfahrungslogik von Meister Eckehart weiterschreite, dann muß das kommen." Als ich im Jahre 1942 in Tokyo ein Büchlein über Meister Ekkeharts Lehre* veröffentlichte, erschien kurz darauf ein betagter Zen-Buddhist bei mir, zog aus dem weiten Ärmel seines Kimono einen Zettel, auf den er links Sätze aus meinem Buch, rechts Sätze aus alten Zen-Texten geschrieben hatte, und sagte zu mir: „Sehen Sie, die stimmen bis in den Wortlaut miteinander über-

* Nur in japanischer Sprache erschienen.

ein. Woher haben Sie das gewußt?" Ich hatte nichts gewußt, sondern nur Meister Eckehart zitiert oder in seinem Geiste formuliert. Als ich einige Zeit darauf den Abt des Zen-Klosters bei Sendai, Meister Miura, der mein Büchlein über Meister Eckehart gelesen hatte, nach seiner Meinung über das Verhältnis von Zen zu Eckehart befragte, sah er mich erst still und unbewegt an. Dann schoß wie ein Schwerthieb seine rechte Hand vor; sinnend schaute er einen Augenblick auf den winzigen Zwischenraum zwischen Daumen und Zeigefinger und sagte: „So! Nur ein hauchdünnes Blatt ist dazwischen. Daran besser nicht rühren!" Damit meinte er wohl: „Wir sprechen vom Weiselosen, Sie von einem persönlichen Gott. Doch was wissen wir davon, ob, wo Sie den persönlichen Gott wirklich erfahren, es nicht das Weiselose ist, das Sie berührt. Und was wissen Sie, ob dort, wo wir vom Weiselosen als Erfahrung sprechen, es nicht doch auch eine personale Wirklichkeit ist, die uns als Erlebnis berührt." Eine andere, hierher gehörige Erfahrung machte ein christlicher Priester, der einen Zen-Abt befragte, wie er zum rechten Verständnis dessen gelangen könnte, was der Buddhismus unter der letzten Wahrheit verstünde, worauf dieser lakonisch antwortete: „Nehmen Sie Ihr Johannes-Evangelium ernst, aber wirklich ernst, dann werden Sie es *erfahren.*"

Immer ist der Akzent auf der Erfahrung das Ausschlaggebende auf allen Wegen des Zen. Als ein alter Meister des Zen von einem Suchenden gebeten wurde, ihm zu sagen, was nun eigentlich die „Große Wahrheit" sei, sagte er ihm, das könne auch er ihm niemals erklären; denn seine Beschreibung der Wahrheit würde sich von der wirklichen Wahrheitserfahrung ebenso unterscheiden, wie die Beschreibung dessen, „wie es tut, wenn man seinen Finger in kochendes Wasser steckt, von der Erfahrung, die man macht, wenn man es wirklich tut." Eben weil es sich hier aber um Erfahrungen handelt, deren Möglichkeit allgemein menschlich ist und deren Eintreten keineswegs auf einen bestimmten Kontinent bezogen oder an bestimmte geistige Traditionen gebunden ist und auch nichts mit bestimmten Dogmen und Lehren zu tun hat, lohnt es sich, sich unbefangen dem uns in der Tiefe ansprechenden Eindruck hinzugeben, den die Mitteilung östlicher Erfahrungswege auf uns macht.

VI
Heilung von Wesen zu Wesen

Fichtes These, daß die Philosophie, die einer hat, davon abhängt, was für ein Mensch er ist, kann auf den Therapeuten dahin abgewandelt werden, daß man sagt: „Die Wirklichkeit, zu der hin man den anderen entbindet, hängt davon ab, in welcher Wirklichkeit man selbst steht." Und dies betrifft die theoretische sowohl wie die praktische Wirklichkeit.

Im Patienten gewinnt *das* Gewicht, was der Therapeut sowohl theoretisch wie existentiell für sich selbst ernst nimmt. Nur, was wir *ernst* nehmen, gewinnt für uns *Wirklichkeit*, und je mehr der andere in unsere Einflußsphäre gerät, um so mehr gewinnt das von uns für uns selbst ernst Genommene auch in ihm Wirklichkeit und wirkt wie ein Magnet, der alles auf sich hin ordnet, oder wie ein Strudel, der alles in sich hineinzieht.

Der Therapeut kann noch so schweigsam und zurückhaltend sein, ob er es will oder nicht: seine theoretischen, für ihn selbst gültigen Grundformeln der seelischen Wirklichkeit „übertragen" sich und werden immer mehr auch zum ordnenden Prinzip im anderen. Ist sein Seelenleben vor allem bestimmt durch das *Ich*, so ordnet sich auch im Patienten alles bald um dieses, um seine Minderwertigkeitsgefühle und Kompensationen, um seine Prestigepolitik und Selbstrechtfertigungen, um seine Dressate und Arrangements etc. Stehen als Tor der Erkenntnis und als Faktoren des seelischen Geschehens die *Trieb*-Mechanismen im Vordergrund, dann präsentiert sich bald alles im Zeichen von Verdrängung und Enthemmung, von Schein und Entlarvung, von Sublimierung und Regression etc., und es dauert nicht lange, so kommt auch der Ödipus-Komplex zum Vorschein. Sieht der Therapeut sein eigenes Seelenleben vorwiegend im Zeichen der *Bilder,* so gewinnen sie auch im Patienten besonderes Gewicht. Archetypen steigen aus dem Kollektivunbewußten auf und werden unwillkürlich fixiert, und das Traumleben produziert sie fügsam in dem Maße, als auf sie „hin-gedeutet" wird.

Die Psychologie befindet sich noch immer in einem Anfangsstadium. Die wenigen Schulen, die heute das Feld der Analyse beherrschen, werden durch andere ersetzt, ihre Lehren durch andere ergänzt, und zwar in einer Weise, die einerseits dem Fortschreiten der theoretischen Erhellung entspricht, andererseits in der Richtung des Weges begründet ist, die der Mensch aus seiner existentiellen Position und Entwicklung einschlägt.

Die Bewegung, in die das Unbewußte des Patienten gerät, ist nur in ihrer Oberfläche bedingt und beinhaltet von den theoretischen Formeln, in denen sich die seelische Wirklichkeit für den Therapeuten ordnet. In ihrer wesenhaften (ontischen) Tiefe dagegen ist diese Bewegung bestimmt von der Wirkkraft und Strahlung des Therapeuten, die aus seinem eigenen existentiellen Standort kommt. Von hier geht der entscheidende Einfluß auf den anderen aus, der Druck und die Verlokkung, die ihn in seiner Wesenstiefe betreffen, ihn im

Grunde öffnen oder verschließen, auf den Weg der Heilung bringen oder in seiner Not festhalten. Die Theorie und die analytische „Methode“ sind nur selten das Mittel der Heilung, sondern meist nur das Medium für den Einfluß, der jenseits des psychologischen Raumes von Wesen zu Wesen geht.

Seit jeher beschäftigt den Therapeuten der früher oder später vom anderen bekundete Widerstand, der, in welcher Verhüllung auch immer, ein Widerstreben gegen das ausdrückt, was unter dem Einfluß des Therapeuten in ihm zu geschehen beginnt. Es gibt den berechtigten und den unberechtigten Widerstand. Der unberechtigte Widerstand ist der, der das schützt, was der Entfaltung des Wesens zum wahren Selbst, d. h. der wesensgemäßen Integration und Individuation im Wege steht. So ist das „kleine Ich“ nicht nur der Panzer, in dem der Mensch sich gegenüber der „bösen Welt“ durchsetzt, behauptet und sichert, sondern auch die Schranke gegenüber seinem eigenen Wesen, die seine Entfaltung blockiert. Der berechtigte Widerstand aber ist der, der das „Tiefste“ gegen den Zugriff ihm nicht angemessener Kategorien und Deutungen und gegen den Einfluß schützen will, der es bedroht.

Gerade weil die heutige Therapie hinsichtlich ihrer theoretischen Grundlagen noch sehr im „Psychologischen“ hängt und die Therapeuten selbst – gerade auch wenn oder weil sie sich für „durchanalysiert“ halten – den metaphysischen, existentiellen Grund ihres eigenen Selbstes oft nicht genügend ernst nehmen, liegt häufig die Gefahr nahe, daß Kategorien der Schau und des Begriffes überhand nehmen, die nicht zur Wesenstiefe des Menschen, sondern nur zu seiner psychischen Oberfläche, d. h. zu dem in seinem Leben Gewordenen

Bezug haben. Die Dominanz einer solchen Sicht aber ist der Entfaltung des Wesens nicht förderlich. Wie leicht wird z. B. übersehen, daß das Ich und seine Dressate, sowie Hemmungen in der Sphäre der Triebe nicht nur die „Burg" sind, in der sich etwas zu Überwindendes, Wesenswidriges verschanzt, sondern auch der „Schrein", der in der Abwehr gegen die verständnislose Welt oder gegen eigene Versuchungen und Dämonien die wesenhafte *Mitte* behütet. Die Gefahr, die Mitte zu verfehlen, ist auch dort nicht behoben, wo – etwa im Begriff des „Selbst" oder des „Kollektivunbewußten" – die ontische Tiefe mitgemeint wird, wie man so sagt, „mit drin" ist. Es geht vielmehr gerade darum, das metaphysische Wesen in seiner eigenen und unbedingten *Würde* gegenüber all dem zu unterscheiden, was individuell oder kollektiv, biographisch, konstitutionell oder erbmäßig bedingt ist. Wo aber mit Kategorien, die aus der Sphäre des analysierbaren Psychischen stammen, das angerührt oder angepeilt wird, was zur Sphäre des unbedingten und nicht analysierbaren *Wesens* gehört – vom anderen als sein „heiliger Bezirk", und sei es auch noch so vage, empfunden –, dann meldet sich der berechtigte Widerstand.

Gewiß legitimieren wie die Fassade des Ichs so auch die Werthaltungen und religiösen Vorstellungen, die ein Mensch mitbringt, bisweilen nur allzudeutlich Fehlformen und lebenswidrige Fixierungen der eigenen Entwicklung und sind dann dazu bestimmt, in Frage gestellt und mit der Zeit aufgelöst zu werden. Aber hier ist besondere Vorsicht geboten. Denn oft kommt in ihnen auch das zum Ausdruck, was nicht nur als das Heiligste vor-gestellt wird, sondern auch wirklich dem wahren Selbst entspricht. Die Fassade, die ein

Mensch zeigt, ist in bezug auf das, was er tatsächlich ist, gewiß weitgehend eine „Vorspiegelung falscher Tatsachen“. Die „schöne Fassade“ entspringt aber immer auch einem tieferen, im Wesen begründeten und die innerlich aufgegebene Entwicklung vorwegnehmenden „Haltungsehrgeiz“ und ist so auch zugleich eine „Vor-Spiegelung“ des Wesens. Der Knabe, der sich schon wie ein Mann gebärdet, ist in seiner Tatsächlichkeit gewiß noch nicht das, was er vorspielt. Und doch ist das von ihm *Vor*gespielte nicht nur eine Vorspiegelung falscher Tatsachen, sondern auch die *Vor*-spiegelung seines männlichen Wesens und das *Vor-Bild* der ihm aufgegebenen Wesensverwirklichung. Der Engländer, der die Gebärde des „keep-smiling“ und der Gelassenheit zeigt, ist gewiß meist alles andere als der, den er heute schon vorspiegelt, und doch ist seine „Haltung“ Ausdruck des Menschenbildes, das auch in ihm auf Verwirklichung wartet. Und übt einer, von der ihn mitverpflichtenden Konvention gehalten, die Gebärde des rechten Mannes ein Leben lang, so hilft dies, das, was dem Wesen widerspricht, einzuschmelzen und auch das Gefäß zu schaffen, darin es eingehen und aufgehen kann. Der „great old man“ kann einmal das Ergebnis sein. Jede Gebärde drückt nicht nur aus, was sie ausdrückt, sondern schafft auch das, was sie ausdrückt.

Die allzu dominante Einstellung auf eine Entlarvung des schönen Scheins und auf eine Enthemmung der Triebe geht, indem sie nur der Wahrheit der flachen Tatsächlichkeit huldigt, an der Tiefenwahrheit des menschlichen Wesens ebenso vorbei wie der verfälschte Wandervogel-Realismus, der nur die verlogenen Fassaden sieht, aber dann auch gültige Formen menschlicher Haltung angreift, die er nicht versteht, z.B. „gute Manieren". So zertrümmert er dann auch Gefäße für etwas, von dem er noch nichts weiß. Die Berechtigung der *echten* Jugendbewegung lag ja gerade darin, daß sie zur Bekämpfung der Fassaden legitimiert war durch einen Geist, dessen Lebensglaube und Wesensglanz sich nicht durch den flachen Realismus einer Gesellschaft trüben lassen wollte, die nur in und aus den Geltungsordnungen des konventionell gewordenen Lebens existierte. In der „Form", die einem Gemeinschaftsideal entspricht, die die Triebe zügelt und die noch unreife und trübe Tatsächlichkeit des Menschen verhüllt, liegt meist ein gemäßerer Ausdruck der menschlichen Wahrheit als in der hemmungslos entfesselten Wirklichkeit des nur „empirischen" Charakters. So gewiß also der Therapeut einerseits die Aufhebung einer psychischen Verstellung im Auge haben muß, die im Patienten als Identifikation mit einer noch nicht integrierten Vor-Stellung auftritt und die Auszeugung des Wesens hemmt, so gewiß muß er zugleich vorsichtig abwägen, wie weit sie nicht auch die Werthaltung eines gültigen Vor-Bildes des Wesens ist, das nicht eher aufgelöst werden darf, als nicht etwas Neues nachgewachsen ist.

In dem Maße, als die Theorie der Therapie, vor allem aber auch der Therapeut für sich selbst alle Konsequenzen aus der Einsicht ziehen wird, daß das *Wesen* des Menschen anderer Herkunft ist als die bewußte oder unbewußte, im historischen Erbe der Menschheit kollektiv begründete und aus der Konstitution und Biographie des Menschen individuell bedingte Psyche, in dem Maße ferner, als ihm der faktisch richtungweisende Einfluß seines eigenen Wesens auf das Wesen des anderen deutlich werden wird, wird er sich auch gedrängt fühlen, aus seiner Reserve herauszutreten und sich – in Überwindung gewisser Regeln, die aus der Entwicklung der Analyse und ihrer Grundlagen verständlich sind, aber nur bedingt gültig bleiben – ohne Scheu zu planmäßiger, sein eigenes Wesen manifestierender *Führung* und Einflußnahme bekennen.

Anerkennen wir die Rolle, die eine echte, von Wesen zu Wesen gehende Führung in der therapeutischen Situation spielt und spielen muß, so heben wir nur ins kontrollierende Bewußtsein, was unbewußt ohnehin am Werk ist: den führenden Einfluß, den wir tatsächlich, ob wir wollen oder nicht, vom Wesen her auf den anderen ausüben. Und je mehr sich der Therapeut darüber klar wird, daß der Mensch zu seinem wahren Selbst nicht aus der Ebene des raumzeitlich bedingten Psychischen (sei es das Bewußte oder Unbewußte) kommen kann, sondern daß ausschließlich aus der Tiefe seines überraumzeitlichen Wesens echtes Heilwerden möglich ist und daß dieses Wesen in jedem Fall der Strahlung des Wesens des Therapeuten unterliegt – um so mehr wird er sich in der therapeutischen Situation auf das Wesen des anderen einstellen, vor allem aber auch bemüht sein, selbst aus der tieferen Wirklichkeit seines Wesens *dazusein.* Dies aber ist wiederum praktisch und fruchtbar nur möglich in dem Maße, als der Therapeut selbst wirklich existentiell verankert ist und sich selbst gläubig zur verpflichtenden Würde des Wesens bekennt.

Das Wesen *des* Menschen und so eines jeden Menschen, ist die Weise, in der er teilhat am überraumzeitlichen, lebendigen Sein, das sich als das Größere LEBEN in seinem kleinen Leben und so als das Wesen in seinem Selbst verkörpert und zu seiner raumzeitlichen Bekundung im „wahren" Selbste drängt. In dem Maße nun, als es gelingt, dieses Wesen im anderen – quer durch alle raumzeitlich bedingten Ordnungen und Nöte hindurch – zu spüren und anzusprechen und von ihm her den im ontischen Grunde des Selbstes verwurzelten gläubigen „Mut zum Sein" zu entbinden, in dem Maße wächst die Chance, daß im anderen eine von der Mitte her heilmachende Kraft frei wird, die nicht in einem psychischen *Vorgang,* sondern in einem metapsychischen *Durchbruch* die seelische Wirklichkeit wesensgemäß neu ordnet. Das kann schlagartig geschehen. Und das bedeutet dann, daß zu der die Konstitution und Biographie eines Menschen allein ernstnehmenden „erhellenden Analyse" ergänzend hinzugekommen ist die „erweckende Katalyse".

Die Pädagogik hat heute längst die Radikalität jenes Standpunktes überwunden, der die Strenge der Führung ganz durch einen Gehorsam gegenüber der Spontaneität des Kindes glaubte ersetzen zu müssen. So auch ist die Zeit gekommen, wo die Analyse, die die Tätigkeit des Therapeuten auf das „Kommenlassen" beschränkt, ergänzt werden muß durch einen *Mut* zur *Führung.* Die Legitimation solcher Führung ist aber besonderer Art. Sie beruht nämlich darauf, daß im Zentrum des therapeutischen Blickfeldes nicht die Biographie und das analysierbare Ich-, Trieb- und Bildgefüge des anderen steht, sondern sein Wesen, und ebenso vom Therapeuten selbst in der therapeutischen Situation nicht das Gefüge seines theoretischen Wissens, sondern seine existentielle, d.h. im Wesen ruhende *Haltung* als das Entscheidende wirkt.

Die Wesenstiefe des Menschen erwacht wirklich

meist erst dort, wo sie von der Welt angesprochen oder in Frage gestellt wird. So wie das Kind zum sprechenden Wesen und damit zum Menschen nur wird, weil die Mutter schon den Säugling wie ein antwortendes Wesen *anspricht,* so auch tritt das Wesen des Menschen, d. h. die wahrhaft integrierende und zur Personwerdung hin entbindende Kraft der Mitte, nur hervor, wenn es mit Stetigkeit und in liebender Zuwendung angesprochen wird.

Das Erwachen und der Durchbruch des Wesens ist eine Gnade – ohne Zweifel. Man kann ihn nicht „machen", man kann aber die Möglichkeit des Durchbruchs „bereiten". Er *ist* blockiert, wo der Mensch in irgendwelchen Blockierungen verhaftet ist, aber auch, wo ein Helfer in Vorstellungen und Einstellungen befangen ist, in denen die Grundkraft und Quelle des Wesens nicht ernst genommen ist, weder für sich noch für den anderen. Die analytische Methode hilft den Raum frei zu machen von den psychischen Barrieren, die der eigentlichen, der metapsychischen Kraft aus dem Wesen den Weg versperren. Das Wirken dieser Wesenskraft setzt aber nur selten von selbst, sondern meist nur dann ein, wenn sie mit liebender Stetigkeit vom Wesen des Therapeuten her angerührt wurde. Das Aufgehen der Wesenskraft wird vorbereitet durch eine analytische Arbeit, die das Hemmende einschmilzt, und andererseits durch den die innere Reifung im Verborgenen vorantreibenden Wesensdrang. Aber in den meisten Fällen wird das Wesen das schon offene Tor durchschreiten, sein Funke sich nur entzünden, wenn es vom Licht des anderen angestrahlt und angezogen wird. Wir brauchen uns nur umzuschauen, um zu sehen, wie dieses zeugende Licht von gläubigen, im Wesen verankerten Menschen und ihrer schöpferisch-erlösenden überpersönlichen Liebeskraft ausgeht und erweckend wirkt. Ein Beispiel für die Möglichkeit einer Führung und Heilung von Wesen zu Wesen finden wir im Verhältnis östlicher Meister zu ihren Schülern.

Der östliche Meister interessiert sich bei dem Menschen, der sich ihm anvertraut, in keiner Weise für sein seelisches Leiden, geschweige denn für seine Biographie. Am Glanz seines Auges, an der Klangfarbe seiner Stimme, am Fluß seiner Bewegungen erspürt er Eigenart und Standort des Wesens auf dem Wege zu seiner Bekundung im leibhaftigen Selbst. Allein auf dieses Wesen ist er fortan gerichtet, und jedes Mittel ist ihm recht, es anzusprechen und im anderen zum Anklingen zu bringen. Das entscheidende Mittel aber liegt in ihm selbst. Wie alle anderen Menschen *lebt* er zwar auch im konstitutionell und biographisch bedingten Selbst, aber die Wurzel seiner Existenz hat er in seinem überraumzeitlichen Wesen. Aus diesem Wesen, in dem er im Grunde eins ist mit seinem Schüler, kommt ihm der Reichtum seiner immer originellen Einfälle und ebenso die Kraft zu einer überpersönlichen Liebe, deren Strahlung und Strenge früher oder später auch das Wesen des anderen erweckt. Und in dem Augenblick, in dem dann dieses Wesen anklingt und aufgeht, kann schlagartig das ganze Gefüge der leidvollen, die Verwirrungen und Verstrickungen des Lebens bekundenden neurotischen Mechanismen zusammenfallen wie ein Kartenhaus, und der Mensch ist von Grund auf zu wirklichem Neuwerden befreit.

Nicht immer vollzieht sich die Verwandlung als schlagartige Katalyse. Bisweilen erfolgt sie auch als eine allmähliche Reifung, die unter der stetigen Strahlung des meisterlichen Lichtes den eigenen Funken zum Glühen und schließlich zum Aufleuchten bringt.

Muß man ein „Meister“ sein, um sich in den Dienst der Wesenskräfte stellen zu können? Wenn das so wäre, dann müßten wir uns alle bescheiden. Es ist aber nicht so. Man muß das Wesen nur einmal wirklich erfahren haben und dann *ernst* nehmen, in sich sowohl wie in anderen, ernst als Manifestation jenes überraumzeitlichen Lebensgrundes, der alles Dasein im Bedingten zugleich transzendiert, trägt und mit seinem eigentlichen Sinn erfüllt. Man muß also in sich selbst das psychisch Bedingte vom metapsychisch Unbedingten zu unterscheiden gelernt haben und fromm und gläubig sein können mit Bezug auf das, was die menschliche Natur als Übernatur in sich trägt. In allen Zeiten und Zonen war dies für den Gereiften die Quelle der Weisheit und nicht nur der Weisheit, sondern auch jener Liebe, in deren Strahlung die Verstrikkung der nur psychologisch bedingten Übertragung dahinschmilzt. In der Gegenübertragung der Kraft aus dem überraumzeitlichen Sein wird der andere dann zu jener tieferen Wirklichkeit entbunden, die sich in seinem Wesen verkörpert, und die, indem sie ihn zur Kernung im personalen Selbst befreit, zugleich befähigt, sein kleines Leben im Zeichen und als Auftrag eines größeren Lebens anzunehmen und zu gestalten.

VII

Regression und Durchbruch zum wahren Selbst

Initiatische Therapie

Regression meint eine Gegenbewegung gegen eine Progression, bedeutet zunächst also immer ein Zurückgehen auf den Zustand einer onto- oder phylogenetisch früheren Stufe. Dieses Zurückgehen kann ein vorübergehender Zustand sein, z. B. in einem Wutanfall, oder länger dauern, oder auch bleibend sein.

Regression kann den ganzen Menschen betreffen, z. B. das Kindischwerden im Alter, oder nur einzelne Funktionen, z. B. das Zurücksinken eines zu klarer Begrifflichkeit entwickelten Denkens auf eine rein emotionale und bildhafte Wahrnehmung oder eines im allgemeinen besonnenen und moralischen Verhaltens auf eine Stufe unkontrollierter Triebhaftigkeit.

Regression läßt sich sowohl kausal erklären wie final verstehen. In seiner „Dynamik des Unbewußten" sagt C. G. Jung dazu: „Kausal ist eine Regression beispielsweise zu erklären durch die Fixierung an die Mutter. Die finale Betrachtung bleibt nicht bei der Erklärung durch eine Ursache stehen, sondern versteht die Ursache als Mittel zum Zweck, so etwa die rückläufige Bewegung der Libido zur Imago der Mutter darin, dort Erinnerungsassoziationen aufzufinden, über welche die Entwicklung beispielsweise aus einem sexuellen System in ein geistiges erfolgen kann." Sobald Erklären in finales Verstehen umschlägt, ist unvermeidlich auch eine Bewertung darin.

Das Wort Regression hat zunächst eine offenbar negative Bedeutung, meint Rückschritt oder doch Unterbrechung eines Fortschritts. Das kann in der therapeutischen Situation wie auch sonst ein klarer Rückfall sein, eine Flucht, ein Ausweichen z. B. aus Angst vor Verantwortung, die im Fall des Heilwerdens auf einen zukommt; aus Sorge, im Falle der Gesundung die bergende Nähe des Arztes zu verlieren; aus Angst vor einem Examen, vor dem Bestehen, das neue Verantwortung auferlegt, wie vor dem Durchfallen.

Die positiven Aspekte: Sie sind zunächst mit der Tatsache gegeben, daß mit allem Wachstum ein Wechsel, eine schöpferische Dynamik von Fortschritt und Rückschritt, von Bewegung und Stillstand, von Vorgriff und Rückgriff gegeben ist.

Regressiv anmutende Zustände gehören zu unserem gesunden Leben wie die Nacht zum Tage, wie der Schlaf zum Wachen, wie alle Zustände der „Erholung", die mit ihren regressiv erscheinenden Zügen aufholen und nachholen, was zu kurz gekommen ist. Sie dienen also der Regeneration des Ganzen. Damit stehen wir vor einer entscheidenden Erkenntnis, die den Maßstab zur Bewertung von Regressionserscheinungen betrifft: Was wie ein Stehenbleiben oder ein Rückfall auf frühere Stufen aussieht, kann in Wahrheit eine Bewegung der Regeneration des Ganzen durch Rückgriff auf Faktoren sein, die in der Entwicklung zurückblieben, aber doch unabdingbar zum Ganzen gehören. Es meldet sich das lebendige Ganze in der Sprache der zurückgebliebenen, nicht gelebten oder nicht ausgelebten Seiten! Diese Tatsache hat dazu geführt, daß Regression als Rückgang auf genetisch frühere Stufen für den Psychotherapeuten eine entscheidende Bedeutung gewann, sowohl für die Diagnose wie für seine Therapie.

Das Wiederholen und Nachholen, Hochkommenlassen und Neudurchleben frühkindlicher Situationen von traumatischem und frustrierendem Charakter gehört zum ABC therapeutischer Behandlung. Hier wird Regression als Rückschritt zum Rückgriff und damit zum Kunstgriff des Heilers. Ebenso kann die für den therapeutischen Prozeß notwendige Introversion wie auch die Übertragung (der Mutter- oder Vaterrolle auf den Therapeuten), die beide wie ein Stehenbleiben auf dem Weg zur erstrebten Eigenständigkeit aussehen, in Wahrheit einen positiven Sinn haben. Auf den regressiven Charakter mancher Träume sei nur hingewiesen.

Zur Grundmethode aller tiefenpsychologisch orientierten Therapie gehört heute das Erkennenlassen und Annehmen des Schattens als des Inbegriffs des nicht gelebten und doch zum heilen Ganzen gehörenden Lebens. Dies gewinnt in unserer Zeit eine besondere Bedeutung dadurch, daß wir alle, Therapeuten wie Patienten, in unserer westlich zivilisierten Welt an einer Entwicklungskrise teilhaben, die nichts anderes bedeutet, als daß Seiten des Menschen, die im Zeichen des sogenannten Fortschritts in den Schatten gedrängt wurden, nun, weil sie zur Ganzheit des Menschseins gehören, mit Macht aufbegehren und hervorbrechen. Dieses erzeugt Erscheinungen, die, an dem „glücklich Gewonnenen“ und an traditionellen Maßstäben gemessen, oft als höchst negative Regression anmuten. Es sind dies aber nur scheinbar rückläufige Bewegungen, denn in Wahrheit zielen sie im Grunde meist auf Reintegration ausgeschlossener Bereiche. Dabei handelt es sich insbesondere um eine revolutionäre Reaktion auf Folgen einer Entwicklung, die einseitig das männlich-rationale Prinzip zur Auswirkung gebracht hat.

Unser gesellschaftliches System und so unser Erziehungswesen stand und steht fast ganz im Zeichen einer Ausbildung zur Leistungsfähigkeit und Anpassungsfähigkeit des Menschen im Dienste einer möglichst gesicherten, reibungslosen und ein Maximum an Wohlsein sichernden Gesellschaft. Gegenüber dieser Gerichtetheit auf Leistung in der Welt kam die andere Seite des Menschen, d.h. sein gesamtmenschliches *Reifen,* zu kurz! Nicht weniger auf Kosten der inneren Wahrheit und Reifung ging und geht die Erziehung zu einer reinen Verhaltensethik mit ihrer pragmatischen „Anpassung“ an das „Kollektiv“ und die jeweils gegebenen Umstände.

Wir erkennen mehr und mehr, daß Leistungsfähigkeit, Anpassungsfähigkeit und äußeres Wohlverhalten keineswegs eine Gewähr dafür sind, daß ein Mensch in Ordnung ist und seine menschliche Bestimmung erfüllt. Gerade die sogenannten Erfolgstypen sind innerlich oft Versager, geplagt von Angst, Schuldgefühlen und innerer Vereinsamung. So stehen wir heute in einer Zeit, in der sich die im Rausch und Bann des Leistungsprinzips erfolgte Vernachlässigung der Ganzheit des Menschen rächt und mit den Stimmen der verdrängten Seiten aufbegehrt.

Der Mensch in seiner Ganzheit wehrt sich gegen die Reduktion zum Funktionär. Das Weibliche wendet sich gegen die einseitige Herrschaft des Männlichen, um so mehr, als auch die Emanzipation der Frau bisher nur die Emanzipation des Männlichen in der Frau war. Die Individualität wehrt sich gegen die Vermassung; der jeweils einzelne und Eigene gegen den Zwang zur Anpassung; der Wille zur Spontaneität gegen die allseitige autoritäre Bevormundung; das Leben in seinem dynamischen Charakter gegen die Statik des Gewordenen, des „Establishments", wie es heute heißt; das Schöpferische gegen die Automation, die Mächte des Unbewußten gegen die Herrschaft allzu rational geordneter Bewußtheit. Und es erhebt sich die transzendente Tiefe gegen die allzu pragmatische und rationale Säkularisierung aller Lebensbereiche des einzelnen wie der Gemeinschaft.

So begegnet heute dem erfolgreichen Leistungstyp der nichtstuende Hippie oder Gammler; dem Supermann der das Weibliche betonende langhaarige Jüngling; dem wohlgesitteten Bürger eine entfesselte Sexualität; dem herrschenden Vater („Was redet ihr immer von Freiheit, in meinem Hause kann doch jeder tun, was ich will!") der Vatermörder; der technisch-rationalen Betrachtung des Lebens die verschiedenartigsten, dem Irrationalen zuneigenden Bestrebungen etc. Doch was hier in oft bizarr amplifizierenden Formen und im Vergrößerungsstil sozialer Situationen uns als „regressiv" vor Augen tritt, ist meist als Revolution des ganzen Menschen in den schrillen Stimmen seiner verdrängten Seiten zu verstehen. Grundsätzlich müssen wir also die Betrachtung, die eine Entwicklung nur am Fortschritt eines beherrschenden, weil nützlichen Teilaspektes mißt und bewertet, d. h. linear sieht, durch eine globale Betrachtung ersetzen, deren Wertmaßstab der Mensch in seiner universellen Ganzheit ist! Dann erst kann der positive Sinn negativ erscheinender Regressionen deutlich werden, so der des Hervorbrechens des Arationalen!

Unter den Erscheinungen, die das Aufbegehren verdrängter Seiten menschlicher Ganzheit bedeuten, ist die wichtigste diejenige, in der die Wesenstiefe des Menschen, d.h. die ihm immanente Transzendenz gegen die Säkularisierung des Lebens aufbegehrt.

Wie die Morgenröte einer neuen Zeit taucht hier eine Dimension der Erfahrung, Verwandlung und Verwirklichung des Menschen auf, deren Hervorkommen, vom bisherigen Ziel des westlichen Menschen her gesehen, als Regression erscheint, von der her gesehen aber umgekehrt die ganze Entwicklung der Neuzeit als eine große, im Mittelalter einsetzende Regression anmuten mag: Es ist die Dimension der transzendenten Erfahrung – als Basis und Maßstab eines zu seiner ganzen Tiefe, Weite und Fülle reifenden menschlichen Lebens. Allein so etwas auszusprechen erweckt immer noch bei den einen eine Geste der Indignation – als böte man der Neuzeit das Mittelalter an. Aber es ist umgekehrt – die das Mittelalter ablösende, einst seine Fesseln sprengende Neuzeit geht zu Ende, und eine Neue Zeit, die die Fesseln der Neuzeit sprengt, bricht an.

Wir stehen heute im Zeichen eines weltgeschichtlichen Ereignisses: daß der Westen sich zum ersten Male in der Menschheitsgeschichte auf breiter Front der Transzendenz, nicht als Gegenstand des Glaubens, sondern als einem Raum der Erfahrung öffnet. Dieser Vorgang entspricht einer bestimmten Stufe des Menschseins. Sie ist eine genetisch spätere, postmentale Stufe, bekundet aber auch eine ursprüngliche Begabung, die nicht vom Lebensalter abhängig sein muß und gerade heute in einem großen Teil der Jugend sichtbar wird.

Welche Stufen, die über die Kindheit hinausführen, haben wir beim erwachsenen Menschen zu unterscheiden? Es sind drei: Auf der ersten dreht sich alles um das Ego, auf der zweiten um den anderen, genauer gesagt um Mitmensch, Werk und Gemeinschaft. Auf der dritten aber gewinnt das innerste „Wesen" Vorrang, das uns in unserer transzendenten Tiefe anrührt.

Auf der ersten Stufe dreht sich alles um das Gewinnen und Halten einer gesicherten Position, die ein Maximum an schmerzfreiem, reibungslosem Dasein und gesichertem Genuß gewährleistet. Hier gilt der Mensch etwas, und er fühlt sich in Ordnung in dem Maße, als er gesund ist und leistungsfähig, sinnenstark und erlebnisfähig. Sein Selbstbewußtsein beruht vor allem auf dem, was er hat, kann und weiß, aber noch nicht auf dem, der er im Grunde *ist.* Medizin und Therapie stehen im Dienst der Ermöglichung und Wiederherstellung dieser ganz primären Ansprüche des Menschen.

Auf der zweiten Stufe geht es um die über das Ego hinauswachsende, wenn auch es voraussetzende Persönlichkeit. Auf dieser Stufe dient Therapie der Ermöglichung oder Wiederherstellung einer Verfassung, die den Menschen dienstfähig, wertbewußt und liebesfähig den Forderungen der Gemeinschaft genügen läßt. Regression ist hier Rückfall oder auch Rückgriff auf die Stufe des nur ichbetonten „Natürlichen".

Wo nun mit der Unterordnung des Ego eine leidbringende und die Lebensfähigkeit des Ganzen bedrohende Verdrängung des ganz persönlichen Kernes des Menschen, d. h. seiner wesenhaften Individualität, erfolgt, fragt der Mensch nicht nur nach dem, was er hat, kann und weiß, um überhaupt leben oder dienen zu können, sondern danach, wer er im Grunde, d. h. in seinem „Wesen“, ist. Und dann tritt Therapie in den Dienst der Auszeugung der Wesensindividualität, d. h. der Individuation. Regression bedeutet dann vor allem Rückfall in die bloße Angepaßtheit einer Rolle, die man als Glied und Diener einer Gemeinschaft spielt, d. h. Rückfall von der dritten auf die zweite Stufe.

Mit der Entdeckung unseres eigentlichen personalen Kernes, unseres individuellen Wesens, ist das Erlebnis einer „Qualität“ verbunden, in der eine Dimension des Lebens anspricht, die unser gewöhnliches Fassungsvermögen überschreitet, doch unabdingbar zur Ganzheit unseres Menschseins gehört. Es ist die Qualität des „Numinosen“ (C. G. Jung; Rudolf Otto), darin sich die den Horizont der natürlichen Persönlichkeit überschreitende, d. h. transzendente, Wirklichkeit kundtut. Wo diese endgültig zum Sinnzentrum des Lebens wird, befindet der Mensch sich, wahrhaft Person geworden, auf der höchsten Stufe seiner Entwicklung. Es ist, wenn wir die der frühen Kindheit als erste betrachten, die fünfte.

Der Übergang zur fünften Stufe bedeutet, daß der Absolutheitsanspruch der nur natürlichen, rationalen, moralischen Ordnungen der Persönlichkeit gesprengt und der Mensch in eine neue Freiheit und Verantwortung gestellt wird. Dieses Erlebnis des „Durchbruchs zum Wesen“ ist von jeher das eigentlich entscheidende Ereignis im Leben des zu seiner Fülle hinreifenden Menschen gewesen.

Wie ein Silberstrom zieht sich durch die Geschichte der Zeiten und Völker die Kunde von Menschen, die etwas erlebten, das sie für einen Augenblick oder auch für längere Zeit in einen anderen Erlebnisraum entrückte, und zwar nicht nur als ein vorübergehendes, wundersames Geschehen, sondern in einer Weise, die sie endgültig in einer anderen Tiefe verwurzelte. Von nun an waren sie nicht mehr die gleichen – sei es, daß sie sich von der Welt zurückzogen oder aber ihr Wirken in der Welt fortan um ein anderes Sinnzentrum kreisen ließen.

Das Kennen und Ernstnehmen dieser Erfahrung ist der Schlüssel zum Verständnis dessen, worum es heute im Überschritt in ein neues Zeitalter geht, darin sich der technische Mensch zugleich erfüllt und transzendiert. Die Erfahrung, um die es geht, liegt der lebendigen Religiosität aller Religionen zugrunde. Ihr Gehalt geht über alles hinaus, was in ihrer Interpretation dann fixiert und zum Glaubensbekenntnis wird. Hier geht es also um Erfahrung, nicht um Glauben!*

Um die Erfahrung – die „Große Erfahrung“ – kreist die Esoterik aller Zeiten und Völker. Ihr Eintreten erscheint unter verschiedenen Namen. Im Hinduismus heißt es Samadhi, im Zen-Buddhismus Satori, in der christlichen Tradition Gnadenerfahrung einer praesentia Dei, in Schriften Meister Eckeharts schimmert sie durch jede Zeile hindurch. Die Mystik aller Hochreligionen beschreibt diese Erfahrung mit gleichen Worten und Bildern. In der modernen amerikanischen Literatur erscheint sie unter dem Namen Gipfelerfahrung, „peak experience“. Der Erlebnisgehalt dieser Erfahrung betrifft immer das gleiche: die Erfahrung des

* Gemäß der christlichen Theologie ist auch die mystische Erfahrung vom Glauben – verstanden als die Weise, wie der Mensch der Selbstmitteilung Gottes an ihn innewerden kann – umgriffen.

Seins im Dasein, des unbedingten, überraumzeitlichen Wesens im raumzeitlich bedingten Ich-Selbst, des überweltlichen „Großen" Lebens im „kleinen" Leben dieser Welt. Im Buddhismus heißt es Buddha-Natur, im Hinduismus Atman, im christlichen Raum der innere Christus* etc. Gemeint ist immer dasselbe, und die Esoterik aller Religionen weiß und spricht von einer spezifischen Gabe des Menschen, sich dieser transzendenten Wirklichkeit innezuwerden.

Wir treten heute in eine Zeit ein, in der bei uns das Tor zur Erfahrung dieser Seinswirklichkeit erstmalig weit aufgeht. Um sie, wo sie einem widerfährt, anzuerkennen, bedarf es nach gut wissenschaftlicher Tradition nur eines empirischen, nüchternen, unbefangenen Sinnes, der durch keinerlei begriffliche Vorurteile verstellt ist. Wir brauchen einen transzendentalen Realismus.

Nicht immer sind es erschütternde Erlebnisse, große Seinserfahrungen, in denen die andere Dimension uns bewußt wird. Man sollte sie dann besser „Seinsfühlungen" oder „Seinsstimmungen" nennen. Immer wieder begegnet man Menschen, darunter oft Jugendlichen, die von Augenblicken berichten, in denen sie sich für kurze, bisweilen aber auch für längere, über Tage hinziehende Zeit in einem seltsamen Zustand befanden, darin das eigene Selbst wie die sie umgebende Wirklichkeit in merkwürdiger Weise transparent ist. Alles hat den Charakter ungeahnter Fülle und Tiefe. Und

---

* Auch die Unterscheidung der christlichen Theologie zwischen natürlicher und übernatürlicher Mystik leugnet nicht, daß am Grunde der „natürlichen" Mystik eine namenlose Christuserfahrung möglich ist – wenn der Mensch nur die Transzendenz nicht auf „Selbsterfahrung" und „Selbstwerdung" eingrenzt.

immer lautet die Aussage: „Was ich hier erlebt habe, hat die Bedeutung einer so unbedingten Gültigkeit, daß für mich fortan kein Zweifel besteht, so werden zu müssen, daß mein Leben ganz im Zeichen dessen stehen kann, was ich hier nur für einen Augenblick erfuhr."

Am eindrucksvollsten sind jedoch jene großen Seinserfahrungen, in denen der Mensch schlagartig die Not der Gegensätze überwindet, die sein natürliches Leben bedrängen.

Es gibt drei Grundnöte des menschlichen Seins: die Angst vor der Vernichtung, die Verzweiflung am Absurden und die abgründige Trauer der Verlassenheit. Der Tod, der Widersinn und die Einsamkeit sind und bleiben die Feinde des natürlichen Ichs. Aber der Tod ist unausweichlich, das Unbegreifliche durchzieht unser Leben, und niemandem bleibt irgendwann einmal das Erlebnis trostlosen Alleinseins erspart.

Gerade in diesen Grenzsituationen kann nun – muß nicht – die andere, jenseits der Grenze unseres natürlichen Fassungsvermögens liegende, d.h. die transzendente Dimension des Lebens aufgehen, so daß unser Bewußtsein die ihm gewöhnlich auferlegten, auf das gegenständliche Sehen eindämmenden Schranken durchbricht. Dies hat aber zur Voraussetzung, daß der Mensch eine paradoxe Leistung vollbringt, eine Leistung, die dem gewöhnlichen Ich unmöglich ist: bewußt in die hier ihn bedrohende Vernichtung hinein und durch sie hindurch zu gehen!

Es kann kein Zweifel darüber bestehen, daß Hunderttausende von Menschen auf den Schlachtfeldern des letzten Krieges, in den KZ's, in Bombennächten und auf der Flucht einen solchen Augenblick des Hindurchgehens durch die Vernichtung erfuhren und dann das Ungewöhnliche erlebten: Der Tod war schon unausweichlich da; die Angst aufs höchste gesteigert. Und plötzlich war es ihnen gegeben, die natürliche Abwehr aufzugeben, alles loszulassen, das Unannehmbare anzunehmen und sich bewußt in das Unausweichliche hineinzugeben. Und dann eben konnte das Unerhörte geschehen: Mit einem Schlag ist die Angst weg, und der Mensch erfährt etwas in sich selbst, an das das, was man den „Tod" nennt, nicht herankommt! Völlige Ruhe, ein Glücksgefühl. Ein anderes Leben hat ihn berührt. Das ist eine Erfahrung, die auch jedem zum Tode Erkrankten widerfahren kann. Ärzte, die dem Gemeinten aufgeschlossen sind, wissen darum.

Ein anderer Zugang zu der Tod und Leben überschreitenden Dimension und Verfassung ist das Aufsichnehmen der Vernichtung, die den Menschen bedroht, wo ein Absurdes ihn an die Grenze des Wahnsinns treibt. Wiederum, wenn er es hier vermag, das Unannehmbare anzunehmen, kann er plötzlich einen Sinn erfahren, der mit Sinn und Unsinn dieser Welt nichts mehr zu tun hat, wie dort ein Leben, das jenseits ist von Leben und Tod.

Und endlich kann, das ist die dritte Form dieser Erfahrung, die Transzendenz zur unabweisbaren Erfahrung werden, wo ein Mensch, der in totale Verlassenheit geworfen wurde, sie annimmt. Dann kann ihm die Erfahrung einer unbegreiflichen Geborgenheit zuteil werden mitten in der Verlassenheit dieser Welt.

In allen drei Fällen ist das Annehmen des Unannehmbaren weder Heroismus noch Resignation, sondern Ausdruck einer ungekannten Freiheit, darin der Mensch den Spielraum seines gewöhnlichen Ichs überschreitet. Mitten in der Vernichtung, Dunkelheit und Grausamkeit dieser Welt erfährt der Mensch eine Kraft, Klarheit und Liebe, die er, da er sie im Widerspruch zu aller weltlichen Bedingtheit erfährt, „überweltlich“ nennen darf! In solcher Erfahrung spiegelt sich die triadische Struktur des überweltlichen Seins, d. h. das Sein als schöpferische Fülle, sinn- und ordnunggebendes Gesetz und zusammenhaltende Einheit.

Man kann und muß nun fragen: Worin besteht die Legitimation, in solchen Erlebnissen von der Manifestation einer anderen, höheren Wirklichkeit zu sprechen, d. h. davon, daß hier wirklich eine andere Dimension von eigenem Rang und eigener Wirklichkeit aufgeht? Was ist das Kriterium dafür, daß wir es hier nicht mit irgendwelchen Zuständen augenblickshafter Exaltation, vorübergehenden Überflutungen aus dem Unbewußten, sogar bloßen „Regressionen“ zu tun haben?

Die Hauptlegitimation dafür, hier von einer eigenen Dimension zu sprechen, liegt in der Unverwechselbarkeit der Qualität und der unabweisbaren Evidenz der Gültigkeit des hier Erlebten, vor allem aber in der den Menschen von Grund auf verwandelnden, d. h. sowohl befreienden als auch verpflichtenden, in ihm ein neues Gewissen erweckenden Kraft.

In den Seinsfühlungen und Seinserfahrungen geht dem Menschen eine Dimension des Lebens und seines Bewußtseins auf, die bisher verborgen, d. h. nur insgeheim vorhanden war. Die „Große Erfahrung“ hat ihm für einen Augenblick den Zugang zu seinem zutiefst Geheimen geöffnet. In diesem Sinn ist sie also eine „initiatische“ Erfahrung, denn das ist der Sinn des

Wortes „initiare“: „den Zugang zum Geheimen öffnen“.

Das, was in dieser Erfahrung verheißungsvoll und versprechend, befreiend und zugleich verpflichtend, beglückend und verwandelnd dem Menschen geschenkt und gezeigt und von ihm gefordert wird, das kann nun bewußt aufgegriffen und systematisch in Arbeit genommen werden! Erst mit der Bewußtwerdung und systematischen Verfolgung gewinnt die transzendente Dimension, wo sie erlebt wurde, wirklich Wirklichkeit im Menschen. Wo das geschieht, kommt der Mensch auf das, was man den „Weg“ nennt, d.h. zum Fortschreiten zu dem, worauf er in seinem Wesen angelegt ist. Und an dieser Stelle erhebt sich in unserer Arbeit die Möglichkeit und die Aufgabe einer initiatischen Therapie. Sie wird fällig, wo das „Kranksein“ aus der Verdrängung der transzendenten Dimension herrührt und Heilwerden nur über ihr „Zugelassenwerden“ möglich ist.

Initiatische Therapie begleitet den Menschen auf dem Weg, der im eigentlichen Sinn unser Leben und unsere Wahrheit ist. Es ist der Weg zu einer Verfassung, in der wir immer durchlässiger werden für das uns in den Seinserfahrungen oder Seinsfühlungen erstmals aufgegangene, in unserem Wesen anwesende und nach Manifestation in der Welt drängende Sein! Progression bedeutet dann, so zu werden, daß wir es vermögen, das Erfahrene im Glanz unseres Erlebens zu spüren, in der Strahlung unseres Daseins zu bezeugen und in all unserem Denken, Handeln und Lieben in der Welt zu bewähren.

Im Hinblick auf eine diesen Weg aufnehmende initiatische Therapie erscheint manches sonst Erstrebte als Regression. Um ein heute aktuelles Thema zu nennen: Die zweifellos oft mangelnde, gewiß notwendige, heute aber allzu groß geschriebene Ein- und Anpassungsfähigkeit des Menschen in die Gesellschaft gehört von der initiatischen Sicht her gesehen zu den möglichen Hauptgefährdungen auf dem inneren Weg. Der Mensch, der zum ersten Mal, nicht nur beglükkend, sondern verpflichtend, wirklich seiner Wesenstiefe begegnet, wird oft Verhaltensweisen zeigen, die seine Mitwelt regressiv und „unangepaßt" anmuten.

Nicht alle Menschen sind in gleicher Weise dazu begabt und bestimmt, bewußt den Weg aus dem Sein zu gehen. Die aber dazu bestimmt sind oder durch eine Seinserfahrung dazu aufgerufen wurden, geraten, solange sie ihn nicht gehen, in immer tiefere Not. Die Not des Menschen schlechthin, im gegenständlichen Bewußtsein vom Sein, d.h. von der ihm immanenten Transzendenz, getrennt zu sein, wird in ihnen zur Krankheit. In unserer Zeit gibt es viele Menschen, insbesondere auch junge Menschen, die daran kranken, daß diese Dimension nie hervorkommen konnte, nie in ihnen angesprochen wurde oder, wo sie hervorkam, sei es naturwissenschaftlich, psychologisch oder theologisch, abgewertet wurde. Immer wieder begegnet man schweren und schwersten Störungen, die nichts anderes bedeuten, als daß die tiefste Möglichkeit eines Menschen verdrängt wurde. Neigung zum Suizid, völlige Apathie, hoffnungslose Kontaktlosigkeit können mit der Mauer zusammenhängen, die zwischen dem weltbezogenen Ich und dem eigentlichen Wesen entstanden ist. Das Nicht-zu-Wort-Kommen der metaphysischen Tiefe bedeutet eine Frustration, die unter Umständen sich verhängnisvoller auswirkt als eine

Verdrängung der Sexualität. Es kann katastrophale Auswirkungen haben, wenn ein junger Mensch von einer Seinserfahrung, d.h. dem Erleben eines „Unbedingten", berichtet und dieses nun von dem, dem er sich anvertraut, in psychologische Bedingtheiten, z.B. als inflatorische Regression, „eingeordnet" wird. Dagegen kann ein verständnisvolles Eingehen auf einen scheuen Bericht über gewisse „Sternstunden" und das Bestätigen der darin auftauchenden anderen Dimension die „Mauer" zum Einstürzen bringen. Und mit einem Schlag steht der Mensch auf einer anderen Ebene, womit dann freilich erst die eigentliche Arbeit beginnt. Denn der Sinn einer Therapie mit initiatischem Charakter ist nicht nur das Öffnen des legitimen Zuganges zur immanenten Transzendenz (= Initiation), sondern die Integration der Dimension der Tiefe, wie Tillich sagen würde, mit dem Welt-Ich, und dieses bedeutet Verwandlung des Menschen – mit C. G. Jung gesprochen: volle Individuation.

Was kennzeichnet nun die Therapie, sofern sie initiatischen Charakter hat?

Die Arbeit auf dem initiatischen Weg ist durchwegs an der Entfaltung des transzendenden Kerns des Menschen orientiert. Sie sieht im wahren Selbst den zu einer transzendenten Bestimmung erwachten und den Weg zu ihrer Erfüllung gehenden Menschen. Sie meint den Menschen, der von der in seinem Wesen anwesenden Transzendenz im Erleben, Ertragen, schöpferischen Verwandeln des Lebens wie im Dienst an der Gesellschaft zeugen möchte in der Welt. Von dieser Sicht her ergibt sich sowohl das, was Progression ist, wie das, was Regression ist.

Der auf dem Weg ist, ist es kraft ureigenen *Entschlus-*

ses. Die Voraussetzungen für das Gehen des Weges sind eine innere *Erfahrung* (Seinserfahrung oder Seinsfühlung), die in ihr erlebte *Evidenz* des unbedingt Gültigen, das Gehörthaben des darin liegenden *Rufes,* der Entschluß zum *Gehorsam,* das mit diesem Entschluß geborene neue *Gewissen* zu einer bestimmten Entwicklung und endlich die *Treue* zu der einmal aufgenommenen, im Dienste der Verwandlung stehenden Übung. Der Sinn des Ganzen: *Die große Durchlässigkeit,* die Transparenz für die uns und allen Dingen immanente Transzendenz!

Dem Fortschreiten auf diesem Wege dient alles, was abbaut, was dieser Durchlässigkeit im Wege steht, und fördert, was sie ermöglicht. Daraus ergeben sich die einzelnen besonderen Aufgaben, die für die initiatische Therapie charakteristisch sind. Es sind vor allem drei: 1. Die Entwicklung des Organs, mit dem der Mensch überhaupt fortschreitend fähig wird, Transzendenz zu erleben und echte Seinsfühlung von imaginären Zuständen zu unterscheiden. Hier geht es vor allem um eine Bewußtseinserweiterung über das uns gewöhnlich allein beherrschende gegenständliche Bewußtsein hinaus. 2. Die tiefenpsychologische Bereinigung des Unbewußten, ohne die, wie sich immer deutlicher zeigt, ein zuverlässiges Fortschreiten auf dem Wege nicht möglich ist. 3. Das die Verwandlung im Leibe einschließende Exerzitium.

1. *Die Entwicklung des Organs.* Worum handelt es sich da? Wir können dazu ausgehen von einem wunderbaren Satz von Novalis: „Alles Sichtbare ist ein in einen Geheimniszustand erhobenes Unsichtbares." Alle Oberfläche ist eine in einen Geheimniszustand erhobene Tiefe. Es gibt die planmäßige Entwicklung des

Organs für die Wahrnehmung dessen, was hier gemeint ist, angefangen von der Entwicklung des Gespürs für die Tiefendimension der Sinnesqualitäten und der Bewegung. Es gibt eine übersinnliche Sinnlichkeit. Es geht um eine das rein gegenständliche Bewußtsein überwindende Bewußtseinserweiterung, die eine Aufgeschlossenheit des ganzen Menschen, auch im Leibe, bedeutet, d. h. um die Entwicklung eines inständlich mitvollziehenden Bewußtseins, das zu dem gegenständlich fixierenden und zuständlich fühlenden Bewußtsein hinzukommt oder es ablöst.

Während wir beim gegenständlichen Bewußtsein darauf zielen, etwas festzustellen, so wie es unabhängig von uns ist, das Ergebnis also ein Ablösbares ist, geht es bei der Entwicklung dieses transzendenten Fühlorgans, wo immer es spielt, um die Herbeiführung einer Begegnung. Das, was da erfahren wird, blitzt in der Begegnung auf. Das Ausbilden des Organs zur Wahrnehmung der Transzendenz ist ein Bereitmachen für „Begegnung", genau also für etwas, das die auf das objektiv Seiende zielende Wissenschaft ausschalten will. Sofern wir allein diesem Denken verschrieben sind, sind wir dem Ernstnehmen der Begegnungswirklichkeit verschlossen.

2. *Die tiefenpsychologische Arbeit.* Tiefenpsychologisch gesehen, zielt die initiatische Therapie wie jede tiefenpsychologisch gegründete Therapie auf die innere Wahrheit. Das schonungslose Durchstoßen der Fassaden, das Einstürzenlassen wohletablierter Gerüste, das Zerschlagen überlieferter Schablonen gehört ebenso dazu wie das grüne Licht zur Begegnung mit verborgenen, längst vergessenen Ursituationen des Lebens, des persönlichen wie des kollektiven Unbewuß-

ten, wobei die Traumanalyse eine entscheidende Rolle spielt. Damit zusammenhängende Regressionen sind einbezogen mit der Chance, daß sie, wo sie zur Befreiung der verdrängten Tiefe dienen, kreative Bedeutung gewinnen.

Das Kernstück der tiefenpsychologischen Arbeit betrifft jenen Vorgang, ohne den der neue Mensch, der die natürliche „Persönlichkeit" überschreitet, nie werden kann: den Tod des alten Ichs! Der natürliche Mensch will vom Tod nichts wissen, verdrängt ihn, so wie unsere ganze Zivilisation eine Riesenverdrängung des Todes ist. Aber gerade das, was das natürliche Leben gefährdet: Tod, Widersinn und Einsamkeit, sind Medien des initiatischen Weges immer und überall gewesen, wo dieser Weg gegangen wurde. In der initiatischen Therapie gewinnt das Leiden einen neuen Sinn, und Heilen meint nicht „gesund" machen, sondern den Weg zum Heil. Die Vorbereitung des initiatischen Todes und die Begleitung durch dieses dunkle Tor – Kernstück initiatischer Therapie – ist Grundmotiv vieler Mythen und Märchen und erscheint als Gang in die Tiefe, in die Hölle, in die Höhle des Ungeheuers, in den Schlaf u. a. m., alles Bilder für Zustände, die gegenüber dem Voranschreiten in die Lichtwelt als Regression erscheinen. Es ist die für das wahre Fortschreiten notwendige „rückläufige Bewegung", wie es im „Geheimnis der Goldenen Blüte" (R. Wilhelm und C. G. Jung) heißt. Fortschritt auf dem initiatischen Weg gibt es nur als ein fortschreitendes Einswerden mit der transzendenten Tiefe als Maßstab und Sinnquell des Lebens. Von hier aus erscheint als regressiv, wenn der Mensch, der das überraumzeitliche Sein als Befreiung und Verpflichtung erfuhr, dem untreu wird und wieder auf die Linie des sogenannten „normalen“ Menschen einschwenkt, so daß ihm das Funktionieren in der Leistungswelt, Sicherheit, Geborgenheit in weltlicher Gemeinschaft, wieder an erster Stelle stehen.

Regression kann aber auch bedeuten, daß einer aufgrund von Seinserfahrungen in einer Weise im Überweltlichen aufgeht, daß er für die Welt verloren ist. Auch das ist eine negative Regression!

Es gibt also die regressive Verneinung der Erde um eines erdfernen Himmels willen, wie die regressive Verneinung des Himmels um einer den Himmel verneinenden Erde willen. Himmel und Erde gehören aber im Menschen zusammen; Yang ist nicht ohne Yin.

3. Unabdingbar zur initiatischen Therapie gehört das *Exerzitium,* die Übung. Wenn wir gemeinhin von „Übung“ sprechen, so meinen wir die Übung zu einem Können. Die Übung im Rahmen der initiatischen Therapie bedeutet nicht Übung zu neuem Können, sondern zu neuem Sein. Es ist das „exercitium ad integrum“, die Übung zur Einheit mit dem Sein und zur Einheit aus dem Sein. Exerzitien in diesem Sinn sind systematisch in ewiger Wiederholung vollzogene Übungen, deren Sinn es ist, die Bedingungen zu entwickeln, unter denen der Sinn des initiatischen Weges, die große Durchlässigkeit, sich in uns und durch uns erfüllen kann. Das bedeutet planmäßige Arbeit an jener Verfassung, dank der wir in der Lage sind, das in unserem Wesen und im Wesen aller uns umgebenden Welt verborgene Sein zu vernehmen, und fähig werden, es in uns und durch uns immer offenbarer werden zu lassen in unserem Leben, insbesondere auch im Reich der „Leistung“.

Der Sinn der Übung ist also *Transparenz für Tran-*

szendenz. So dient solche Übung auch nicht drei ganz andersartigen Anliegen, um deretwillen heute wie immer Menschen allerhand Übungen, z. B. Stille- und Versenkungsübungen, machen: Allgemeine Entspannung und Stille; schöne, „erbauliche" Erlebnisse und die Gewinnung „höherer Fähigkeiten". Um dieser drei Wünsche willen ein Exerzitium aufzunehmen nimmt diesem seinen geistlichen Charakter und gibt ihm einen pragmatischen Sinn, verfehlt also das eigentlich Gemeinte. Sie sind also auf dem initiatischen Wege im Raum des Exerzitiums drei typische Formen negativer Regression.

Spricht man im Raum des Initiatischen vom Exerzitium, so ist zu unterscheiden die Sonderübung und der Alltag selbst, gelebt als Übung.

Im Hinblick auf die Übungspraxis halten heute mehr und mehr „östliche" Übungen ihren Einzug. Die bekannteste ist das „Hatha-Yoga". Aber gerade dieses kann als Beispiel dienen für den Unterschied zwischen „Übung auf dem Weg" und Übung im Dienste des Welt-Ichs. Wo Hatha-Yoga als Gymnastik gelehrt und getrieben wird, hat es mit dem „Weg" nichts mehr zu tun. Es kann sehr nützlich sein, der Schönheit und Gesundheit dienen, wie auch das autogene Training. Mit der initiatischen Therapie hat es aber nur dann etwas zu tun, wenn es bewußt als Übung auf dem Weg wirklich als „Yoga", als „Anjochen" an das Absolute geübt wird, also im Dienste fortschreitender Transparenz für Transzendenz steht. Das gleiche gilt auch für die Meditation im Stile des Za-Zen (die Übung des Sitzens in Stille im Sinne des Zen-Buddhismus).

Jede Übung, als Exerzitium verstanden, vollzieht sich in einer ewigen Wiederholung desselben Tuns.

Dabei wird sowohl die Beteiligung des bewußt kontrollierenden Ichs wie des persönlichen Zielwillens, das Selbermachen wie der individuelle Ehrgeiz ausgeschaltet. Jedes Exerzitium versetzt, so mag es scheinen, den Übenden in einen Zustand regressiven Charakters. Aber hier gerade handelt es sich um eine kreative Regression im Dienste einer Tiefe, die nur hervorkommen kann, wenn das natürliche Ich mit seinem gegenständlich fixierenden Bewußtsein und zielbewußten „Machen" sich hat zurückziehen dürfen. So auch sind letztlich all jene Übungen zu verstehen, die dem Europäer wie ein Angriff auf die schöpferische Spontaneität der Persönlichkeit, als reine Mechanisierung vorkommen, wie etwa das ewige Gebet des Hesychasmus und die altjapanischen Übungen, z. B. das Bogenschießen. Ihr Sinn aber ist, daß der Übende dazu gelangt, eine in ewiger Wiederholung vom Ich gereinigte Technik einer tieferen Kraft in ihm zur Verfügung zu stellen, die nun gleichsam durch ihn hindurch, je in der Sprache der besonderen Übung, das ewige Lied des Seins heraussingt – und dies in einer Weise, die dann nicht nur in einer vollkommenen Leistung zum Ausdruck kommen kann, sondern darin, daß sich im Übenden fortschreitend das Ereignis der Seinsfühlung wiederholt.

Die Sonderübung ist aber nur Modell-Situation und erfüllt ihren eigentlichen Sinn erst im Alltag. Recht gelebt, wird dann „jede Situation die beste aller Gelegenheiten" der Bewährung auf dem Wege zum wahren Selbst.

Für die Fruchtbarkeit jeder Übung auf dem Wege ist von maßgebender Bedeutung die rechte Einstellung zum *Leib.* Im Exerzitium muß der Leib nicht verstanden werden als der Körper, den man hat, sondern als der Leib, der man ist, d.h. als die Einheit der Gebärden, in denen man sich als Person ausdrückt und verwirklicht, in der Welt da ist und sich verhält. Dieses kann richtig sein oder falsch. Richtig ist es nur, wenn es dem dritten Leibgewissen gehorcht: Das erste ist orientiert an der Gesundheit, das zweite an der Schönheit, das dritte an der Transparenz. Haben wir einmal den Leib in seiner möglichen Transparenz erfahren und sein Feingespür für Transparenz ausgebildet, dann wird er zum inneren Meister auf dem Weg, und jeder Verstoß gegen seine Forderungen und jede Untreue in der Übung bedeutet eine Regression.

VIII
Das Leiden im Lichte der Initiatischen Therapie

Wenn von Therapie die Rede ist, so denkt man dabei ganz selbstverständlich an ein Wiederherstellen der Gesundheit. Therapeut sein meint Heilen, Heilen eines Kranken, sei er seelisch oder physisch krank. Der Arzt als Therapeut meint den, der einen Kranken heilt. Ob er Internist ist oder Chirurg, Psychiater oder Heilpraktiker, immer geht es doch darum, eine Krankheit zu beseitigen und die Gesundheit des Menschen wiederherzustellen.

Zu den traditionellen Formen der Therapie kommt heute eine neue hinzu: die Initiatische Therapie. Bei ihr handelt es sich um etwas völlig anderes. Auch hier geht es um ein Heilen. Aber Therapeut ist hier nicht der, der gesund macht, d. h. wieder leistungsfähig, sondern er ist Therapeut im ursprünglichen Sinn des Wortes: der Begleiter auf dem Weg zum Heil. Das Wort *Heil* hat hier seinen tiefen, im Grunde religiösen Sinn. Es gilt, den Menschen aus seiner Heil-losigkeit herauszuführen zu seinem Heil. Die Heillosigkeit, um die es sich hier handelt, ist die Grundsituation des Menschen: heillos, weil in seinem Ich befangen, verloren an die Welt, getrennt von seinem überweltlichen Wesen, gefangen in seiner raumzeitlichen Bedingtheit, angewiesen auf seinen rationalen Verstand und abgesondert von jener Wirklichkeit, die alle Verstandeskräfte überschreitet und überraumzeitlicher Natur ist.

Daß es neben der pragmatischen Therapie, die die Wiederherstellung der natürlichen Gesundheit und Leistungskraft meint, auch die Initiatische Therapie, die die Wiederherstellung der Ureinheit mit dem überweltlichen Sein im Auge hat, gibt und geben muß, wird erst heute allmählich erkannt. Zum ersten Mal in der Geschichte der Menschheit wendet sich die Welt von heute auch im Westen dem Ernstnehmen von Erfahrungen zu, in denen die andere Dimension, die überweltliche Wirklichkeit, uns anspricht. Es ist jene größere Wirklichkeit, der der Mensch als Kleinkind in dem Augenblick, in dem in ihm das gegenständliche Bewußtsein erwacht, den Rücken kehrt, sich von ihr sondert, religiös gesprochen: als „Essen vom Baum der Erkenntnis" die Erbsünde begeht. Verständlicherweise kommt heute, wo der Mensch die Atemnot seines überweltlichen Wesens verspürt, auch eine Therapie zum Leben, die den Menschen in dieser seiner Not ernst nimmt.

Pragmatische und Initiatische Therapie spiegeln zwei Weisen menschlichen Leidens. Die pragmatische Therapie ist dem in seiner Raumzeitlichkeit lebenden Menschen zugeordnet, dessen Leben sich im Grunde überall um ein Thema dreht: in der Welt zu bestehen, möglichst gesichert zu bestehen und kollektiv angepaßt und eingeordnet zu sein. Kranksein bedeutet hier: Gefährdung der leiblichen, seelischen und geistigen Potenz zum Bestehen und Gelten in dieser Welt. Dem natürlichen, ständig auf sein Bestehen gerichteten Ich gegenüber steht ein Anderes, Tieferes im Menschen. Wir nennen es sein Wesen und verstehen darunter die

Weise, in der ein überweltliches Leben in ihm individuell anwesend ist und in ihm und durch ihn hindurch manifest werden möchte in seiner persönlichen Welt – manifest werden im Erkennen, Formen, Gestalten und Lieben. Das Wesen – die Weise, in der das Überweltliche, Göttliche im Menschen anwesend ist, dem der Mensch mit der Entwicklung seines gegenständlichen Bewußtseins den Rücken kehrt.

Doch stellt man dieses Wesen dem Welt-Ich entgegen, bewegt man sich dann nicht im Raum einer, sagen wir, religiösen Phantasie? Oder überhaupt in einem Reich des bloß subjektiven Glaubens, während das Welt-Ich sich auf eine reale, objektiv faßbare Wirklichkeit bezieht in einer Weise, die Wissenschaft und Technik ermöglicht? So mag wohl die Welt im allgemeinen bis vor nicht langer Zeit gedacht haben. In unserer Zeit aber erwacht der Sinn für die alles übergreifende Realität des Wesens, des Überweltlichen. Wir erkennen heute in immer eindeutigerer Weise, daß menschliches Dasein, menschliches Leben überhaupt, nur zu verstehen ist in den Möglichkeiten seines Glückes wie seines Leidens, in der Spannung zweier Pole: seines natürlichen, raumzeitlich bedingten Welt-Ichs und seines überraumzeitlichen Wesens.

Woher aber wissen wir etwas von diesem Wesen? Antwort: Aus Erfahrung. Es gibt Erfahrungen, kleine und große, flüchtige, vorübergehende oder nachhaltig überwältigende Erfahrungen, die dem Menschen die Präsenz einer höheren Dimension in ihm selbst zum Bewußtsein bringen. Die unbezweifelbare Realität dieser Dimension wird an der Wirkung ihrer Erfahrung offenbar. Ihre den Menschen bisweilen verwandelnde Wirkkraft ist Zeuge genug dafür, daß es sich hier nicht um eine Einbildung handelt, um ein bloßes Gefühl, sondern um Realität.

Alle Religionen gründen in solchen Erfahrungen. Wenn sie auch bisweilen erstarren im System der Interpretationen ursprünglicher Erfahrungen, so bleibt doch die sich immer erneuernde Erfahrung selbst der unversiegbare Quell eines religiösen Lebens. Nach einer Zeit der Dürre erleben wir heute, wie dieser unversiegbare Quell des Urgrundes aufspringt. Ihn aufzufangen und in die Kanäle menschlichen Lebens und Werdens zu leiten ist die Aufgabe der initiatischen Wegführung.

Die Zeit liegt noch nicht weit zurück, in der Menschen, denen solche Erfahrungen zuteil wurden, in einem abwertenden Sinn als „Mystiker" bezeichnet wurden, als Menschen, die in einer unbegreiflichen Wirklichkeit leben, die „nur" im Gemüt, nur im Gefühl ihren Platz hat. Heute wird es deutlich, daß eben dieser Quell zugleich der Quell ist, aus dem der Mensch eigentlich lebt und auch allein wirklich leben und sich erneuern kann, insbesondere dann, wenn die Kräfte zum Bestehen der Forderungen und Leiden dieser Welt nicht genügen oder zu schwinden beginnen.

Je mehr wir heute von dieser anderen, höheren Dimension in uns Kenntnis nehmen und erfahren, daß dort die eigentlichen Wurzeln der Kraft, des Sinnes und des Glückes unseres menschlichen Lebens liegen, um so mehr erscheint ein Leben, das davon noch nichts weiß, davon abgeschnitten ist, als im Grunde genommen heil-los, unheil, noch nicht ganz. Es zeigt sich, daß dort, wo das Tor zu diesem ganz Anderen hin sich öffnet, Befreiung aus Not und Leiden möglich ist, wo der gewöhnliche Verstand mit seinen rationalen Fähigkeiten am Ende ist und eine nur positivistisch begründete Therapie versagt.

Hier setzt die Initiatische Therapie ein. Doch nicht nur dort, wo akute Not, Krankheit und Leiden den Menschen an eine Grenze bringen, die er nicht mehr ertragen zu können fürchtet, sondern der für die Wahrnehmung der anderen Dimension Begabte kann schon vorher zu der höheren Form seiner Existenz geführt werden, vorausgesetzt, daß er jemanden findet, der ihm als Therapeut im Sinn des Wegbegleiters zum Heil an die Seite tritt.

Initiare meint den Weg zum Geheimen öffnen. Was ist dies Geheime? Eben wir selbst in jener anderen Dimension, die in der Wirklichkeit unseres Welt-Ichs im Verborgenen bleibt. Ihr Einbruch in den Kreis menschlicher Erfahrung nimmt uns aus dem Raum des nur raumzeitlich Bedingten, nur verstandesmäßig Begreifbaren und technisch zu Beherrschenden heraus und eröffnet uns hierdurch eine Wirklichkeit, die von all dem nicht berührbar ist.

Von diesem Geheimen her, das wir in unserem Wesen sind, kann der Mensch ein völlig neues Verhältnis zum Leiden entwickeln. Für den noch ganz mit seinem Welt-Ich identifizierten Menschen hat alles Leiden einen nur negativen Charakter. Natürlicherweise sucht man es zu vermeiden und, wo es da ist, nach Kräften möglichst schnell zu beseitigen, was auch immer es sei, ein körperliches oder seelisches Leiden. Leiden bedeutet Beeinträchtigung der Leistungskraft und der Lebensfreude. Leiden bedeutet Schmerzen, und das Freisein von Schmerzen ist das verständliche Anliegen des natürlichen Ichs.

Gewiß weiß aber auch schon manch ein mit seinem

Welt-Ich identifizierter Mensch von Erfahrungen des Leidens, die nicht nur negative, sondern positive Auswirkungen haben, so z. B. der, der im Durchstehen einer Krankheit etwas gewinnt, das er vorher nicht hatte. Er mag dann sagen: „Ich bin in dieser Krankheit ein anderer geworden. Ich war früher oberflächlich und habe auf dem Krankenlager Erkenntnisse gewonnen, die ich vorher nicht hatte. Das Leiden hat mich vertieft. Der Schmerz, die Krankheit, die mich lange ans Bett gefesselt haben, haben mich gezwungen, nach innen zu gehen. Ich nehme nun mein Leben anders wahr als vorher." Es gibt also schon bei dem von seinem Welt-Ich beherrschten Menschen Erfahrungen des Leidens, die Entwicklungen auslösen, die ihn in seine eigene Tiefe treiben. Hier entdeckt er dann die Spannung zwischen einer Oberfläche und einer dahinter waltenden Tiefendimension.

Es ist noch nicht lange her, daß nur Leiden und Krankheiten anerkannt wurden, bei denen etwas objektiv Faßbares feststellbar ist: Nur das, was man sehen, tasten, fühlen oder auf die fotografische Platte bannen kann; während die Schmerzen, die nicht zurückgeführt werden können auf etwas handfest Greifbares, als Einbildung angesehen werden. Seither ist im Buch des Heilens ein neues Kapitel aufgeschlagen: die psychosomatische Therapie. Sie beruht auf der Entdekkung, daß es körperliche Krankheiten gibt, die seelische Wurzeln haben. Arthur Jores, der bekannte Arzt und Therapeut, stellt fest: Alle Krankheiten, die das Tier nicht hat, haben eine seelische Wurzel. Damit wird nicht nur der Diagnose einer Krankheit ein neuer Weg gewiesen, sondern auch der Heilung. Und wir wissen heute, daß ein großer Teil der physischen

Krankheiten nicht nur seelische Wurzeln hat, sondern auch durch psychologische Behandlung geheilt werden kann.

Ebenso groß wie der Schritt von der einseitigen Auffassung, die Krankheit als etwas nur physisch Bedingtes anzusehen, hin zur psychosomatisch orientierten Therapie, ist nun der heute zu vollziehende Schritt von jeder Form pragmatischer, d. h. nur dem Welt-Ich dienender Therapie zur initiatischen, d. h. der Befreiung des Wesens dienenden Therapie.

Die Initiatische Therapie öffnet dem Menschen den Weg zu einer metapsychischen und metaphysischen Wirklichkeit seiner selbst, die nicht das Ergebnis einer Spekulation oder eines religiösen Glaubens ist, sondern eine Wirklichkeit der Erfahrung, ja, der tiefsten Erfahrung, deren der Mensch überhaupt fähig ist. Es geht um eine Erfahrungswirklichkeit, die, weil bislang als außerhalb der natürlichen und begrifflich faßbaren Erfahrung stehend, nicht als Erfahrung anerkannt wurde. Doch geht es gerade bei dieser Erfahrungswirklichkeit um diejenigen Erfahrungen, in denen lebendige Religiosität gegründet ist.

Spricht man von Religion, so muß man zweierlei unterscheiden: den Glauben an eine Lehre und den Glauben aus einer Erfahrung. Für manchen ist Religion nur Glaube an eine von einer Kulteinrichtung wie der Kirche vermittelten Glaubenslehre, für den anderen dagegen Präsenz von Erfahrungen, tiefsten Erfahrungen, verwandelnden Erfahrungen.

Unterscheidet man den natürlichen, auf seine Leistungskraft pochenden Menschen, der vorwiegend um ein gesichertes Leben, das freudereich und liebevoll gelebt werden kann, bemüht ist, von jenem anderen, in der Tiefe einer überweltlichen Wirklichkeit gegründeten Menschen, so kann man die Frage stellen: „Steht nicht aber zwischen dem egozentrisch im Welt-Ich lebenden Menschen und dem in seiner Transzendenz gegründeten eine dritte Form des Menschseinkönnens: die des sogenannten ‚geistigen' Menschen, der den Werten des Schönen, Guten und Wahren selbstlos dienende Mensch? Ist er nicht schon initiatisch?" Nein, denn diese Gaben liegen noch innerhalb des Bewußtseins- und Handlungsraumes des natürlichen Menschen, wiewohl die verpflichtende Erfahrung dieser Werte und die Gabe, ihnen zu dienen, schon ein erstes Anzeichen für den Einbruch der Transzendenz in das Leben des von Natur egozentrischen Menschen ist. Von einem Menschen zu sagen er sei opferbereit, hilfreich und gut, besagt aber noch nichts über das Ausmaß einer initiatischen Verwurzelung im Wesen.

Der Unterschied zwischen dem natürlichen und dem initiatischen Menschen läßt sich am einfachsten verdeutlichen am Verhältnis zum Leiden, und zwar dort, wo es die Erträglichkeit überschreitet, wo es menschlich eigentlich unannehmbar, aber unausweichlich ist. Für den natürlichen Menschen ist ein solches Leiden der Schrecken, für den initiatisch geöffneten Menschen auch die Chance, nämlich ein Weg, der in Verlust und Leiden nicht nur ein Negativum sieht, sondern im Annehmen des unannehmbar Scheinenden eine Möglichkeit wahrnimmt, zu einer tieferen Wirklichkeit zu gelangen. Der initiatische Weg meint nun gewiß nicht, daß wir von der Bekämpfung des Leidens in der Welt gering denken sollen oder an dem Leiden eines Menschen achtlos vorübergehen dürfen. Was „initiatisch" meint, wird besonders deutlich dort, wo es sich um ein für das Ich unerträgliches Leiden handelt, dem nicht ausgewichen werden kann. Hier ist das Leiden dann nicht nur eine den Menschen zur Verzweiflung treibende Situation, sondern eine Möglichkeit, zu einer anderen Wirkkraft seines Geistes zu gelangen, die ihn nicht nur befähigt, dieses Leiden zu tragen, zu durchschreiten und zu überwinden, sondern in alledem zu einer Wirklichkeit durchzubrechen, die ihm das ihm eigentlich zugedachte Heil eröffnet dadurch, daß es ihn wieder mit seiner überweltlichen Grundgegebenheit verbindet.

Die Grundgefahren menschlichen Lebens werden zu Grundchancen, zu einem neuen Leben. Dreierlei kann menschliches Leben unerträglich machen: Die Angst vor der Vernichtung, die Verzweiflung am Absurden und die Trostlosigkeit der Vereinsamung. Der Mensch sucht Sicherheit, Sinn und Liebe, und wo eines dieser drei völlig fehlt, steht sein Leben vor einer mit natürlichen Mitteln nicht mehr zu überwindenden Schranke. Wo das natürliche Ich an dieser Schranke zerbricht, kann ein neuer Mensch geboren werden. Und wenn für den natürlichen Menschen Leiden, Krankheit und letzten Endes Sterben die großen Feinde sind, die der Arzt bekämpft, so können gerade sie auf dem initiatischen Weg zu einem Sprungbrett werden in eine Wirklichkeit, in der ein neues Leben anfängt; ein Leben, das seinen Sinn im Erfahren und Bezeugen der überweltlichen Wirklichkeit findet und nicht mehr nur im Bestehen, Meistern und Genießen der Welt. Initiatische Therapie läßt gegebenenfalls den Menschen, der an einer der drei Grundleiden zu scheitern droht, gerade hier zu einem neuen Leben gelangen, und zwar dadurch, daß er lernt, das Unannehmbare anzunehmen. Der initiatische Therapeut führt gleichsam durch die Nacht eines Leidens in das Licht eines neuen Lebenstages.

Alle initiatische Therapie beginnt damit, den Hilfesuchenden zu lehren, Erfahrungen, in denen das Sein ihn anrührte, ernst zu nehmen, das heißt in ihrer initiatischen Valenz zu erkennen. Der Mensch wird aufmerksam gemacht auf die Bedeutung solcher Augenblicke, in denen ihn das Numinose, jenes vom Wesen zeugende heiligmäßige, qualitativ ganz Andere berührt. Aber die initiatische Erfahrung, in der so etwas zum ersten Mal wahr- und ernstgenommen wird, ist nur der eine Pol der Initiatischen Therapie. Der andere ist der in dieser Erfahrung angelegte und sich öffnende Weg zu einer Verwandlung hin zu einem Menschen, der immer durchlässiger wird für die andere Dimension, sich dieser einverleibt und zu ihrem Zeugen in der Welt wird.

Der Widersacher des initiatischen Weges ist das Ich, das nur den pragmatischen Weg weltlicher Befriedigung und Sicherheit geht. Mag dieser auch der zunächst natürliche Weg sein, so ist und bleibt die Umkehr und Heimkehr zum göttlichen Ursprung doch das eigentlich Aufgegebene. Und der initiatische Therapeut nimmt den himmlischen Ursprung des Menschen ernst, begreift unser gewöhnliches Leben als ein Leben im Exil, in das wir, christlich gesehen, durch die Erbsünde geraten. Er begreift als Aufgabe des menschlichen Lebens das Wiederhinfinden zu jenem Ursprung, nicht als Regression, sondern als Sinn und Ziel eines Weges, der den Abweg über das Welt-Ich zur Voraussetzung hat. Ohne das Schuldigwerden am göttlichen Ursprung durch das Sich-Identifizieren mit dem rationalen Bewußtsein und dem in ihm verwurzelten Ich, das eigenmächtig und selbständig, losgelöst vom Urgrund, sein Leben leben und seine Lust am Leben erfahren will – ohne dieses Ich und seine Schuld und die aus ihr erwachsende Not, jene Atemnot des Wesens, das allein in der Leistungswelt des Ichs nicht leben kann, würden wir nicht heranreifen zur Sehnsucht und Bereitschaft zur Umkehr hin zur Urwirklichkeit unseres Selbstes, in der das eigentliche Heil für alle Zeiten beschlossen ist.

Das Hinfinden zu einem Leben, das sich in dieser unserer raumzeitlichen Welt zu erfüllen sucht, ohne den goldenen Faden zu seinem Wesen zu verlieren, ja, das bemüht ist, von diesem Wesen und seinem Wirken in der Welt zu zeugen, macht den von Gott gemeinten Menschen aus, durch den als Welt-Person das große Sein durchtönen kann.

Initiatische Therapie meint die Begleitung auf dem Weg, der mit einer ersten Erfahrung des ganz Anderen beginnt, in dieser Erfahrung die Verheißung und den Auftrag zu einem neuen, im Göttlichen verankerten Leben erfährt und auf dem Weg der Verwandlung sich fortschreitend als einer bewährt, der, treu dem Ruf aus dem Sein, den niemals zu Ende gelangenden Weg voranschreitet zum Heil. Das Heil ist aber kein Ziel, das man erreichen kann, sondern meint eine Richtung, in der auf einem niemals zu Ende kommenden Weg voranschreiten zu dürfen das Höchste ist, was dem Menschen beschieden ist. Die ihm in der ersten Erfahrung zuteil gewordene Initiation erfüllt sich in einer fortschreitenden Individuation.

Es geht in der Initiatischen Therapie um die Große

Durchlässigkeit, die Transparenz für die uns immanente Transzendenz.

„Was" das Wesen ist, kann der Mensch nicht erfragen. Es ist kein Dies oder Das, es entzieht sich allen Begriffen. Und doch ist eines gewiß: es ist Leben, das Große Leben, fortgesetzte Wandlung, schöpferische Verwandlung in jedem Augenblick. So steht ihm im Wege alles, was sich der Verwandlung widersetzt, alles, was statisch ist, was bleiben will, was fest steht, was fest-gestellt ist und gerade als Fest-Stehendes Wirklichkeit zu haben beansprucht. Dieses aber ist das Prinzip des Welt-Ichs. Unser dem Welt-Ich zugeordnetes gegenständliches Bewußtsein stellt fest, schafft Gegen-Stände, fixiert. Immer kreist es um das Feststehende. Zum Feststehenden aber gehört auch jede festliegende Ordnung, jede Form des Besitzes, auch die Verfassung einer Gemeinschaft, die Ordnung im Gefüge der Werte, die feststehende Ethik des Verhaltens, ohne die eine Gesellschaft in dieser Welt nicht leben kann. Und das Gewissen, das den Menschen zur Ordnung ruft, ist Ausdruck der Ordnung, die eine Gemeinschaft zusammenhält, was für den heutigen Menschen freilich kaum mehr existiert. So gewiß aber eine Ordnung bewußt oder unbewußt gegründet ist in verpflichtenden Werten, so gewiß kann sie auch, weil sie feststehend ist, dem Verwandlungsanspruch aus dem Wesen ein Hindernis sein in den Augenblicken, in denen vom Menschen das Ungewöhnliche, die Bezeugung des ganz Anderen, gefordert wird. So führt der initiatische Weg den Menschen bisweilen in jene menschlich ungeheuer schwierigen Situationen, in denen er um der Stimme seines Wesens willen die Stimme seines Kollektivgewissens überhören muß. Hier Hilfestellung zu leisten kann dann die Aufgabe des initiatischen Therapeuten sein.

Geht es darum, dem Wesen Gehör zu geben, dem Göttlichen in uns die Herrschaft zu überlassen, geht es darum, Christus nachzufolgen, so können Situationen entstehen, in denen wir zu Handlungen verpflichtet werden, die vom Gemeinschaftsgewissen her nicht zu verstehen sind. So wenn Jesus dem Jünger, der ihm nachfolgen will, zuvor aber noch seinen Vater begraben möchte, sagt: „Folge du Mir, und laß die Toten ihre Toten begraben" (Mt 8,22). Oder: „Laß die Toten ihre Toten begraben; gehe du aber hin und verkündige das Reich Gottes" (Lk 9,6). Oder wenn Christus sagt: „So jemand zu Mir kommt und haßt nicht seinen Vater, Mutter, Weib, Kinder, Brüder, Schwestern, auch dazu sein eigen Leben, der kann nicht Mein Jünger sein" (Lk 14,26).

Das sind Schläge ins Gesicht des ordentlichen Menschen, aber eben solches kann ihm unter Umständen auf dem initiatischen Weg zugemutet werden. Wir wissen heute, daß die oft schmerzliche Ablösung aus dem Bann elterlicher Gewalt, das Sich-Loslösen von der liebenden Mutter, dem „vorbildlichen" Vater die Voraussetzung schon ist für das Eigenständigwerden des Welt-Ichs. Aber eine noch viel weiterreichende Legitimation für die schmerzliche Ablösung aus weltlichen Bindungen liegt darin, daß sie die Voraussetzung ist für das Freiwerden im Wesen. Im Gehorsam gegenüber dem absoluten Gewissen kann sich die Verwandlung zu dem Menschen vollziehen, für den, wie ein östlicher Weisheitsspruch sagt: „Jede Situation die beste aller Gelegenheiten ist" – jede Situation die beste aller Gelegenheiten, vom Wesen zu zeugen.

Initiatische Verwandlung, das heißt fortschreitende Bindung an den göttlichen Kern, bedeutet Verwandlung zur Freiheit, je nach Tiefe und Reinheit des betroffenen Menschen zur Freiheit von allem: von Gesetzen, Verpflichtungen, Bindungen, aber auch von Ängsten und inneren Nöten. Der Mensch, der ganz und gar seinem Wesen aufgeschlossen ist – was gewiß sehr selten ist – handelt in jedem Augenblick aus seiner wahren Mitte heraus.

Das Leiden, von dem Initiatische Therapie heilt, ist ein Leiden, von dessen Grund der Mensch meist nichts weiß. Es ist das Leiden seines Wesens in der Gefangenschaft seines Welt-Ichs. Es ist ein Leiden, dem gegenüber der Mensch verschlossen ist und das ihm erst dort zum Bewußtsein kommt, wo er so fest in sein Welt-Ich gebannt ist, daß er vom Wesen her Atemnot bekommt. Das ist die Situation unserer Zeit, wo der Mensch so im Gefüge der Zwänge steht, daß ihm die Freiheit aus dem Wesen versagt ist. Er sucht die Freiheit seines Ichs, tun und lassen zu können, was er mag. Aber er weiß nicht, daß es vielmehr um die Freiheit *von* seinem Ich ginge, um die er innerlich kreisen müßte, die Freiheit aus dem Wesen, die ihm jenes Grundvertrauen verleiht, das er im Ich nie haben kann. Hier hat er Vertrauen, weil er etwas hat, kann und weiß, auf das er sich verlassen kann. Vom Wesen her aber hat er Vertrauen, weil er vom Wesen, das als solches durch nichts vernichtet werden kann, getragen ist, auch dort, wo er nichts mehr hat, kann oder weiß, aber *ist.*

Es gibt heute viele Menschen, auch junge Menschen, die in ihrem Leiden sagen: „Was ich suche, ist nicht eine Therapie, sondern eine tiefere Sinngebung für mein Leben." Das kennzeichnet mit einem Wort die

Besonderheit solchen Leidens. Der Mensch, der das sagt, fühlt sich verloren, fühlt sich auf einen Abweg geraten, sucht seine Selbstfindung und den Weg, das heißt seinen Weg zum Heil. Er fühlt sich eingesperrt in einen ihm unangemessenen Lebensraum und sucht nach einer Tür, die sich öffnet in die Weite eines neuen Raumes. Es geht ihm nicht mehr nur um seine Stellung in der Welt, sondern um das Wiederhinfinden zu jener Tiefe seines Wesens, die ihm durch seine einseitige Fixiertheit an die Welt verstellt war. Das Wiederfinden seiner eigenen Tiefendimension aber betrifft das Geheimnis, zu der Initiatische Therapie das Tor öffnet. In diesem Sinn geht es um eine Einweihung der Seele in Räume und Dimensionen, die ihm bisher nicht bekannt waren. Der Mensch sucht also die Befreiung von seinem Welt-Ich.

Dieses Wort: „Ich suche keine Therapie, sondern eine Einweihung“, kennzeichnet das Leiden nicht *im* Welt-Ich, sondern *unter* dem Welt-Ich, das heißt unter dem Dualismus, der Getrenntheit des Ichs, das der Mensch doch zugleich auch bleiben muß, vom Wesen, an dem einer leidet. Aber der ständige Anspruch des Wesens auf Vorrang vor dem Welt-Ich bedeutet auch dessen ewige Gefährdung. Hier gründet die existentielle Angst, die ohne Ursache in der Welt ist und viele Menschen im Bann hält.

Mit dem Verlangen nach einer Einweihung statt einer Therapie wird ein traditioneller Mediziner nichts anfangen können, ebensowenig ein Psychotherapeut, dessen Gesichtskreis über den Lebensraum des Welt-Ichs nicht hinausreicht; denn es handelt sich hier nicht um die Wiederherstellung eines Gesundheitszustandes, in dem der Mensch sozusagen wieder ‚normal‘

reagiert – über die Dimension des ‚normalen' Menschen ist er schon hinaus in seinem Leiden. Er reagiert, am Normalen gemessen, abwegig, er hat vielleicht Drogen genommen, vielleicht ein verruchtes Leben geführt, er ist falschen Propheten in die Hände gefallen, hat sich sexuell verirrt. Er weiß nicht mehr, was ist, er zerstört alles um sich herum, er ist unerträglich, ahnt aber bisweilen zugleich, daß ihn sein Leiden in seinem auch die Wertordnungen der Welt zerstörenden Zustand auf eine andere Dimension hinweist und hintreibt, die allein ihm Wandlung bringen und ihn „retten" könnte. Anlaß zu dieser Ahnung sind Augenblicke, in denen er mitten in seiner Dunkelheit Lichtblicke erfährt, die ihm die Möglichkeit einer Erleuchtung und Neuwerdung andeuten. Eine Psychotherapie, die nur die Wiederherstellung eines Normalzustandes im Auge hat, kann ihm den Ausweg aus seiner Not nicht zeigen, denn es geht nun um ganz etwas anderes. Es geht um den Sprung in einen neuen Raum, in eine andere Dimension.

Die initiatischen Riten aller Zeiten dienten einem solchen Vollzug. Es geht dabei immer auch um ein Sterben, das aber zur Verwandlung gehört. Es gibt keine initiatischen Riten von ältester Zeit bis in unsere Zeit hinein ohne die Forderung, etwas zu leisten, das dem gewöhnlichen Ich unmöglich scheint. Die japanischen Exerzitien beispielsweise, das Bogenschießen oder Schwertfechten, auch das Za-Zen im strengen Sinn geübt, führen über jahrelange Übung hinaus an einen Punkt heran, der gleichsam eine Zerreißprobe darstellt. Zerreißprobe meint für gewöhnlich die Probe, deren Bestehen darin besteht, daß man nicht zerrissen wird. Hier aber bedeutet das Bestehen der

Zerreißprobe, daß man das Zerrissenwerden zuließ und überlebte, das heißt, daß man das Band, das einen mit der Welt verband, zerreißen ließ, so entsetzlich der Durchgang durch diese Erfahrung auch sein mag. Das aber bedeutet eine Neugeburt, im höchsten Fall – mit Meister Eckehart gesprochen – die Wiedergeburt Gottes in der Seele des Menschen.

Es führt die initiatische Erfahrung als Initialzündung durch einen Augenblick, in dem die Verbindung mit der alten Welt reißt und der Mensch aus seinem früheren Standort herausgerückt und ver-rückt erscheinen kann. Er ist nicht mehr der gleiche. Der Augenblick, in dem der Mensch sich in einem ent-rückten, vielleicht göttlichen Zustand fühlt, ist für ihn das verwandelnde Ereignis. Für längere oder kürzere Zeit ist er herausgehoben aus der gewöhnlichen Welt und, für die Mitwelt oft nicht mehr verständlich, für schizophren erklärt. Dann ist es zu wünschen, daß er einem Therapeuten begegnet, der versteht, daß er mitten in einer numinosen Erfahrung steht, von etwas Großem, ihn Überwältigendem ergriffen ist, darin eine Zukunft angelegt ist, die ihm als „noch normalem" Menschen verschlossen war. Der Mensch, der einen solchen Augenblick erleben darf und aus ihm wieder erwacht, bleibt gezeichnet. Er hat ein Geheimnis, er weiß etwas. Er gehört jetzt zu einer anderen Familie. Selten trifft er einen Verwandten, einen Bruder. Dann winken sie sich zu, tauschen vielleicht nur einige Worte, man versteht sich ohne viele Worte, man gehört dazu zur anderen Ebene. Er kann zwar wieder in der Welt leben und so wie die anderen auch einem Beruf nachgehen, aber insgeheim lebt er selbst aus einer neuen Dimension, freilich in gültiger Weise nur dann, wenn er den neu gewonnenen Stand eigenverantwortlich bewußt weiterentwickelt.

Der Mensch, der einer Initiatischen Therapie bedarf, ist im Grund jeder von uns. Aber wir merken unsere Krankheit, unseren Mangel nicht, weil wir nicht spüren, was wir im Grunde in unserem eigentlichen Hintergrund sind, zu dessen Ausformung wir doch angelegt und beauftragt sind. Hier bedürfen wir des Therapeuten als des Wegbegleiters, der uns lehrt, die Augenblicke, in denen wir von der immanenten Transzendenz angerührt werden, in ihrer Bedeutung zu bemerken, sie ernst zu nehmen und den in ihnen enthaltenen Auftrag anzunehmen, den Weg zur Verwandlung auf uns zu nehmen. Erfüllen wir diesen Auftrag, verwandelt sich auch unser Verhältnis zum Leiden. Es anzunehmen wird der Brückenzoll für das andere Ufer.

IX
Alt werden – Zeit der Verwandlung

Die Psychotherapie des alten Menschen findet bei diesem fast alle Probleme vor, die sich auch beim jungen Menschen finden. Nur eines unterscheidet die Situation des Alten vom Jungen: es kommt unabdingbar und unübersehbar der Tod auf ihn zu. Gelingt es dem Therapeuten, das rechte Verhältnis zum Sterben herzustellen, so wird der Tod selbst zum Therapeuten. Und als solcher bringt er dem alten Menschen eine zweifache Botschaft, für die der Mensch freilich aufgeschlossen werden muß: Du darfst nun alles, worin du abnimmst, loslassen, und du darfst, was dir zuinnerst zugedacht ist, zulassen.

Die Gebrechen des Alters und mit ihnen das Leiden des alternden Menschen gründen in der Regel in der Abnahme der Fähigkeiten, etwas zu leisten. An Leib und Seele wird der Mensch hilfsbedürftig, und anstelle seiner Leistungskraft tritt die Schwäche, die ihn mehr und mehr, was das äußere Leben betrifft, abhängig macht von seiner Umgebung. Er leidet darunter, daß er nichts mehr leisten kann. Es gibt die Ermutigungs- und Ermunterungstherapie, die den Menschen davon zu überzeugen sucht, daß und in welchem Umfang er doch noch etwas leisten kann. Diese Therapie ist fragwürdig. Gewiß, solange der Mensch noch etwas tun *kann,* die Frau noch etwas im Haushalt, der Mann noch etwas mit kleinen Tätigkeiten, an die er gewöhnt ist, soll man ihnen diese Freude lassen. Das Zentrum der Sinngebung sollte jedoch nie auf etwas gelegt werden, worin der Mensch notwendigerweise abnimmt, sondern vielmehr auf etwas, worin er im Zunehmen bleiben kann bis an sein Ende. Dieses betrifft aber nie die weltliche Leistung, sondern das innere Reifen.

Das Schwergewicht zwischen den beiden Aufträgen, in deren Zeichen menschliches Leben steht: die Welt zu meistern und zu gestalten im Werk und zu reifen auf dem inneren Weg, muß sich mit dem Alter eindeutig zugunsten des inneren Weges verschieben. Der Sinn des Alters ist nicht die Leistung, sondern die Reife. Therapie des alten Menschen meint in erster Linie den Versuch, den alten Menschen für die Verschiebung des Sinnzentrums von der Leistung in der Welt auf das innere Reifen hin aufzuschließen.

Das innere Reifen meint eine Verwandlung des ganzen Menschen, in der an die Stelle seines Welt-Ichs sein transzendentes Wesen zum Richtung gebenden Zentrum seines Lebens wird. Die Frucht der Reife wäre dann der Mensch, für den die Bezeugung seines transzendenten Kernes in allem, was er tut, wie einfach in seiner Weise dazusein, zum Sinn des Lebens geworden ist.

Die hier gemeinte und geforderte Therapie wäre eine initiatische Therapie. „Initiare“ meint, das Tor zum Geheimen öffnen. Das Geheime sind wir selbst wie auch die Welt in der uns wie ihr immanenten Transzendenz. Initiatische Therapie meint: die Bedingungen schaffen, unter denen wir uns des uns immanenten transzendenten Wesens innewerden können und es,

Person geworden, durch uns hindurchtönen (personare) lassen können – in der Weise, zu erleben, zu erkennen, zu gestalten und zu lieben.

Es gibt den alten Menschen, der des Psychotherapeuten nicht bedarf. Warum? Weil er den inneren Weg bereits gefunden hat. So leidet er keine innere Not. Sein Leben gewann offenbar einen tieferen Sinn aus dem Wesen, der sich mit jedem Leiden an der Welt vertieft. Er strahlt etwas Lichtes aus, Wärme, Sicherheit, Angstlosigkeit. Er weiß auch, daß, wann immer er doch in Not gerät, ihre Ursache darin liegt, daß die auf dem Weg der Reife erreichte Stufe nicht zureichte, um von außen oder innen einbrechenden Mächten, die aus der Ebene des Welt-Ichs kommen, standzuhalten. Aufs Ganze gesehen, zielt dann das rechte Leben des alten Menschen auf eine Lebensform, die nur noch an dem „Einen, das nottut“ orientiert ist: an der Verwirklichung der großen Durchlässigkeit für das ihm immanente göttliche Sein.

Ein weit verbreitetes Altersleiden ist die Verhärtung, körperliche Verhärtung, die sich seelisch auswirkt, seelische Verhärtung, die sich im Körper auswirkt – beides zusammen Verhärtung nicht nur im Körper, den man hat, sondern auch im Leibe, der man ist. „Leib, der man ist“, ist der Mensch als Person in der Gestalt, als welche er in der Welt da ist. Es ist der Leib als die Einheit der Gebärden, in denen der Mensch sich ausdrückt und darstellt, und damit auch sich selbst verfehlt oder aber sich wesensgemäß verwirklicht.

Der Körper dagegen, den man hat, ist der Körper, wahrgenommen als Gegenstand, ein gleichsam unbeseeltes Instrument, das in Ordnung sein und funktionieren muß. Fehlt ihm etwas, bringt man es zum Arzt zur Reparatur. Leider ist bis heute das Wissen um den Leib, der man ist, noch wenig verbreitet.

In der Verhärtung erscheint die Grundgebärde des Sich-Festhalten-Wollens, Festkrallens, des nicht Loslassen-Könnens. Und hier setzt nun eine besondere Möglichkeit der Therapie für den alten Menschen ein: ihn zu lehren, zu lassen. Es ist erstaunlich, welche Wirkungen erzielt werden können, wenn man einen Menschen lehrt, *sich* zu lassen; sich beispielsweise ausatmend in einen schmerzenden Körperteil hineinzulassen statt der verkehrten Gebärde der Natur stattzugeben, die grundsätzlich, den Atem anhaltend, Widerstand macht gegen jeden Schmerz und damit die kranke Stelle abblockt und verspannt.

Es gibt als Krankheit des alten Menschen nicht nur die Starrheit als Ausdruck eines allgemeinen Nicht-Loslassen-Könnens, sondern auch die entgegengesetzte Fehlhaltung: das Sich-Gehenlassen. Das Leben bedarf zu seiner ständigen Erneuerung sowohl eines immer wieder Loslassen-Könnens der gewonnenen Form als auch eines niemals gänzlichen Aufgebens eines In-Form-Seins, das die immer neuen Wellen des Lebens aufnimmt und zur weiteren Verwandlung zuläßt. Auch für den alten Menschen ist leibhaftiges Leben ständige Verwandlung der leibhaftigen Form, ein ständiges Hingeben des Gewordenen und Zulassen der neuen Form. Auch für den alten Menschen gilt das Gesetz des rechten Verhältnisses von Gespanntheit und Gelöstheit; das Gesetz, das verletzt wird, wo an seine Stelle der Wechsel von Verspannung und Auflösung tritt.

Das Wahren der rechten Form bedeutet das Behüten sowohl der rechten Gelöstheit wie der rechten Spannung. Diese Einsicht und alle sich aus ihr ergebenden Übungen und Weisungen gehören zur Psychotherapie des alten Menschen.

Wenn der Mensch aus Altersgründen eines Tages gezwungen ist, seine gewohnte Arbeit aufzugeben, dann befindet er sich in einer völlig neuen Situation, auf die er meistens nicht vorbereitet ist. Er mag sich z. B. sogar auf den Augenblick seiner Pensionierung gefreut haben, oder er mag aufatmen, wenn ihn eines Tages die Krankheit dazu berechtigt, aufzuhören. Und doch fällt er oft in diesem Augenblick in ein Vakuum, in eine Leere, in der er sich nicht auskennt.

Es überfällt ihn die Frage: Was hat mein Leben jetzt noch für einen Sinn? Was kann das Leben überhaupt noch für einen Sinn haben, wenn man nichts mehr leisten kann? Ist es vielleicht der, der jüngeren Generation helfen zu können mit der Fülle der Erkenntnisse, die man in einem langen Leben gesammelt hat? Hier stellt sich immer wieder die gleiche Enttäuschung ein: die junge Generation will ihre eigenen Erfahrungen machen. Selten genug ist es der Fall, daß ein alter Mensch etwas von dem, was er selbst gewonnen hat und für sich selbst nun besitzt, weitergeben kann an die Jüngeren. In solchem Fall kann, ja, muß der Psychotherapeut dem alten Menschen den neuen Horizont öffnen, in dem das Hinfinden zum überweltlichen Wesen auch diese Enttäuschung zu überwinden hilft und gerade das rechte Aushalten dieser Enttäuschung zu einer weiteren Schwelle macht, deren Überschreiten ein vertieftes Hinfinden zur überweltlichen Wirklichkeit ermöglicht.

Die besonderen Möglichkeiten, die die initiatische Therapie dem alten Menschen zu eröffnen vermag, hängen auch ab von Bedingungen, deren Erfüllung schon zur vorinitiatischen Therapie gehört. Auch der alte Mensch, und er in mancher Hinsicht besonders, leidet unter der Unbereinigtheit seines Unbewußten. Solange der Mensch voll in seiner Leistungskraft steht und auch der ältere Mensch durch sein eingespieltes Können sich in der Leistungsebene erfüllen kann, so lange lebt er leicht über seine innere Problematik hinweg und nimmt auch seine Schattenkräfte nicht wahr. Wenn dann aber die Leistungswelt für ihn zusammenbricht und nicht mehr das Feld seines Lebens darstellt, wird das Ganze seiner ungelebten Innerlichkeit oft in besonderer Weise akut und tritt in die Erscheinung als Verbitterung, Reizbarkeit, Eigensinn, gesteigerter Anspruch auf Rücksicht, Wehleidigkeit u. a. – alles Erscheinungsformen eines Ichs, das – aus seinen sachlichen Verpflichtungen, denen es sich unterordnete, entlassen – nun in seiner naiven Egozentrik seine eigenen Ansprüche anmeldet.

Sehr viele Altersgebrechen sind Somatisierungen innerer Stauungen, jahrzehntelang zurückgehaltener Expressionen. Da ist oft ein großes Ausmaß von nicht eingestandenen Schuldgefühlen, Aggressionen, Enttäuschungen, von nicht geweinten Tränen, nicht ausgebrochenen Wutanfällen. Hinter der Fassade eines ruhigen, verhaltenen alten Menschen brodelt es oft in bedenklicher Weise, was nicht nur innere Qual bedeutet, sondern auch Blockade auf dem Weg, den der alte Mensch nun eigentlich gehen müßte: den Weg in die Tiefe seines Wesens, in der er erst jene Erfüllung finden kann, die ihm als Mensch zugedacht ist. Somit wird ein Teil der dem alten Menschen zuzudenkenden Psychotherapie sich durchaus in den Bahnen der traditionellen Psychotherapie bewegen müssen, als eine Wahrnehmung des Schattens; eine Weise, dem alten Menschen zu helfen, mit ihm umzugehen, das heißt, ihn auch anzuerkennen und die in ihm lebendigen und immer seine Fassade bedrohenden Kräfte zu integrieren. Die Methoden können denen der üblichen Therapie sehr gleichen. Auch dem alten Menschen ist es möglich, mancherlei, das er in der Vergangenheit unterdrückte, nunmehr auszuagieren. Dem alten Menschen öffnet das Gestalten, in welchem Medium es auch sei, Wege in die Freiheit, z.B. das Herunterschreiben irgendeiner Ungelöstheit, die das Herz bedrückt, das ungehemmte Herunterschreiben dessen, was mit Schuld belastet oder mit Zorn erfüllt, oder mit Enttäuschung zurückblicken läßt in die Vergangenheit.

Das absolut ehrliche Herauslassen im Niederschreiben dieser Dinge kann große Erleichterung und Freiwerden zu neuer Entwicklung bringen. Es ist oft nicht nötig, daß jemand anderer das Geschriebene liest, es muß nur niedergeschrieben werden: der ganze Zorn gegen einen Menschen in einem radikalen Brief. Oft ist es der Vater, die Schläge, die er einem erteilt hat, die Angst, die er einem gemacht hat. Oder die Mutter, die einem die Zärtlichkeit versagt hat, die man doch so gesucht hat, oder die einen als „fressende" Mutter nie losließ. Oft ist es ein Bruder oder eine Schwester, unter denen man gelitten hat. Oft ist es ein Lehrer aus der Schulzeit, die 60 Jahre zurückliegen kann, oder ein Vorgesetzter, unter dem man jahrelang zu leiden hatte, denen heute Bescheid gesagt werden kann in einer Weise, die innerlich befreit. Sie leben vielleicht selbst nicht mehr, und doch sind sie noch da, und doch können sie noch angesprochen werden, und es kann ihnen gegenüber jene Geste des sich Freimachens vollzogen werden, die das innere Gleichgewicht wieder herzustellen vermag. Bisweilen ist es auch der eigene Lebenspartner, der einem bei aller Liebe, die einen mit ihm verband, doch zugleich Fesseln anlegte. Es wurden um des lieben Friedens willen gewisse Dinge nicht gesagt, die man doch als Vorwurf gegen ihn im Herzen trug. All das kann und muß nun herauskommen.

Der Mensch unserer Zeit ist so geschädigt in seinem Hörvermögen, durch den Spektakel des Daseins schwerhörig geworden für die feinen Töne des wahren, vom Wesen zeugenden Lebens, daß es immer eine Weile dauern wird, bis er lernt, sie in seiner Innen- und Außenwelt zu vernehmen. Ihm dazu zu helfen gehört zu den Grundaufgaben einer Therapie des alten Menschen.

Es geht darum, ihm das Organ zu öffnen, mit dem er jene Wirklichkeit vernehmen kann, in der der Quell sinnvoller Existenz unerschöpflich fließt, unabhängig von den jeweils besonderen Bedingungen des Daseins. Dieses Organ ist der ganze Mensch in einer von seinem Wesen her bestimmten Aufgeschlossenheit und Gerichtetheit. Diesen Quell neu zum Aufspringen zu bringen ist der Sinn des Alters.

Eine besondere Schwierigkeit für die Therapie des alten Menschen liegt im Problem der Kommunikation. Das Sich-Verstehen in dem, worum es geht, hängt von zweierlei ab: einmal von einem gemeinsamen Erfahrungshintergrund, zum anderen von der Sprache. Menschliches Leben in der Gesellschaft, aber auch in den engeren Gemeinschaften, im kleinen Kreis der Familie, der Zweisamkeit der Liebenden, versteht sich in

Feldern des gemeinsam Erlebten. Die Mehrzahl aller Gespräche, in denen Menschen sich verstehen, bleiben im Umkreis einer die Partner verbindenden Erlebniswelt, sei es in der Öffentlichkeit, sei es auch im privaten Leben einer Gemeinschaft.

Was meist draußen bleibt, ist das, was der Einzelne persönlich zuinnerst bei all dem wirklich erlebt. Nicht nur kann er es, auch wenn er es bewußt hätte, nicht mitteilen, sondern oft auch läßt er das eigene Bewußtsein seines Innersten nicht zu. Er steckt voller unbewußter Blockaden, die heilmachende Kräfte der Tiefe am Hervorkommen hindern. Im gewöhnlichen Leben unserer Zeit hat die eigene Innerlichkeit des Menschen immer weniger Raum. Auf der anderen Seite ist die Not aus dem nicht zugelassenen Übermaß blockierter Seelenkräfte so groß geworden, daß im Rahmen der Therapie mehr und mehr Formen des Sich-Äußern-Dürfens bis hin zu den ungeformtesten Weisen des Sich-Äußerns, der Explosion, dem unartikulierten Schrei, gefunden werden, in denen die unterdrückte Natur, die zum Ausdruck nicht zugelassene Innerlichkeit, hervorkommen kann. Doch dabei handelt es sich meist um Praktiken, mit denen ein Notventil gezogen wird, durch die zwar die Natur des Menschen befreit, aber keineswegs schon das Einmünden auf einen Weg eröffnet wird, auf dem der Mensch zur Fühlung mit seiner Übernatur, seiner wesenhaften Tiefe, das heißt der immanenten Transzendenz, gelangen kann. Auf diesem Weg allein jedoch liegt die Chance, dem Leben des alten Menschen seinen wahren Sinn zu verleihen.

Ganz unabhängig davon, ob das Herauslassen verdrängter Impulse in der Welt noch etwas zurechtzurükken vermag oder nicht, geht es um das Neuordnen und Bereinigen der inneren Landschaft, ohne die der Weg in die Freiheit nicht möglich ist. Das Entscheidende ist aber der Weg selbst, der Weg in jenen Raum, der jenseits der Bedingungen von Raum und Zeit liegt und auch jenseits all dessen sich auftut, was man das gelebte Schicksal des eigenen Lebens nennen könnte. Es geht um einen den bisherigen Horizont des eigenen Erlebens ins Nicht-Endliche zu erweiternden Raum, der jenseits des raumzeitlich bedingten Schicksalsraumes liegt.

Die Hauptvoraussetzung der für den alten Menschen erforderlichen initiatischen Therapie ist, daß der Therapeut selbst sich auf dem initiatischen Weg befindet. Ganz unabhängig davon, in welchem Ausmaß sein Tageslauf bestimmt ist durch die Leistung in der Welt – die andere Seite, der Weg nach innen, der Weg in die Reife, muß in ihm den Vorrang haben, so daß auch das Leisten, das ihm aufgetragen ist, für ihn nicht nur im Dienste des Werkes steht, sondern auch, ja, zuerst im Dienste seines eigenen Werdens. Ihm selbst müssen die Voraussetzungen für ein Wachstum nach innen bewußt sein. Er selbst muß zumindest über einige Seinsfühlungen verfügen, die ihn über alle Zweifel hinaus die Realität der immanenten Transzendenz haben fühlen lassen. Er muß die Erfahrung jener Tiefe gemacht haben, die ihm nicht nur die Realität der immanenten Transzendenz über jeden Zweifel hinaushebt, sondern die sich ihm auch als Sinnzentrum des eigentlichen Lebens gezeigt hat. Er muß die Verheißung erfahren haben, die der Mensch in seinem Wesen hat. Er muß die befreiende Verwandlung gespürt haben, die von einer Begegnung mit dem Wesen ausgehen kann, und er muß den verpflichtenden Auftrag vernommen haben, der aus dieser Erfahrung heraus wächst – und nicht nur vernommen, sondern für sich und sein Leben angenommen haben. Somit muß das Leben des Psychotherapeuten, der den initiatischen Weg führt, selbst ganz eindeutig unter dem Gesetz dieses Lebens stehen, und das heißt insbesondere im Zeichen eines Exerzitiums, einer Disziplin, die ihm nicht von einer äußeren Instanz oder Notwendigkeit auferlegt ist, sondern Ausdruck ist der Treue zu einer Entscheidung, die er aus Freiheit sich selbst betreffend gefällt hat. Nur dann kann er Gleiches von dem ihm anvertrauten alten Menschen fordern. Hohe Anforderungen in der Tat, die aber schon, auch wenn sie noch nicht erfüllt werden können, als eigentlich zu erfüllende Forderungen den Therapeuten befähigen können, dem alten Menschen den neuen Weg zu weisen.

Psychotherapie des alten Menschen wird auf der anderen Seite wesentlich abhängen von den Voraussetzungen, die er selbst für das Einmünden auf den initiatischen Weg mitbringt. Diese liegen vor allem in seinem religiösen Hintergrund. Im Grunde handelt es sich bei der Psychotherapie des alten Menschen um die Wahr-Nehmung des religiösen Erlebens, die Frage also nach der gelebten Zugehörigkeit des Menschen zu einer anderen Dimension, zu einer überweltlichen Wirklichkeit, zur Wirklichkeit des Göttlichen. Es geht um die Frage des Glaubens. Wo der alte Mensch fest in seinem traditionellen Glauben verwurzelt ist und in einer ungebrochenen Verbundenheit mit seinem Gott steht, wo er einen ganz selbstverständlichen Zugang hat zum Gebet und sich von daher getragen und geborgen fühlt, bedarf er des Therapeuten nicht.

Wo dagegen an die Stelle des Glaubens, wie es bei alten Menschen häufig der Fall ist, der Zweifel getreten ist, der Zweifel an der Gerechtigkeit Gottes, dort kann und muß der Therapeut zum geistlichen Seelenführer werden. Er muß versuchen, an die Stelle eines „Glaubens", der die Gerechtigkeit Gottes menschlichem Urteil unterwirft und sie dann nicht mehr findet, den Weg zu einer Religiosität zu ebnen, die in Erfahrungen gegründet ist. Es geht dabei um Erfahrungen einer sinngebenden Wirklichkeit, die jenseits der raumzeitlich bedingten, mit menschlichen Maßen meßbaren Wirklichkeit liegt. Inhalt dieser Erfahrungen ist eine übergegensätzliche Dimension, die den Menschen aus dem Krampf des Kampfes mit den seinen Erwartungen widersprechenden Mächten befreit. Dann hadert er nicht mehr mit seinem Schicksal, und gerade das, was ihm wehtut, wird im Annehmen zur Quelle einer Erfahrung, die über jedes Wehtun hinausträgt, ja, in der Dunkelheit ein neues Licht aufgehen läßt. Hier wird der Therapeut zum Seelenführer, dessen Hauptaufgabe im Hinführen zum Erlebenkönnen einer uns immanenten Dimension liegt, deren tragende, sinngebende und beflügelnde Kraft Quelle einer Neuorientierung wird. Ohne Zweifel wird die Erfüllung dieser Aufgabe abhängen von der Aufgeschlossenheit des Alten. Es gibt aber auch den Alten, der so verhärtet, böse und ablehnend geworden ist, daß er für den inneren Weg nicht mehr offen ist. Ein solcher Mensch wird aber auch kaum einen Therapeuten annehmen.

Wo die Frage nach der religiösen Sinngebung des Lebens gestellt ist, steht die Frage nach der Transzendenz im Raum, der Transzendenz als einer größeren, überweltlichen, göttlichen Wirklichkeit, die unsere raumzeitlich bedingte umgreift, begründet, durchdringt und letztlich mit jenem Sinn zu erfüllen vermag, der nicht durch die Nöte unserer raumzeitlichen Wirklichkeit in Frage gestellt wird, sondern im Gegenteil gerade in der Begegnung mit den Nöten, dem unausweichlichen Leiden, ja, mit dem Tod selbst erst im vollen Maß aufgeht.

Der großen Wende nach innen, die dem alten Menschen angemessen ist, geht ein Leben voran, das die Welt liebt. Gerade wo es darum geht, die Bindung an das äußere Leben allmählich zu lösen, muß gesehen werden, in welchem Ausmaße der Mensch das Leben liebt. Nichts wäre verkehrter, als angesichts der notwendigen Preisgabe all dessen, was den Menschen zum Höhepunkt seines natürlichen Lebens beseelt und beflügelt, das Glück in Frage zu stellen, das das Leben für den in der Vollkraft seiner selbst stehenden Menschen bedeuten kann. Nur auf dem Hintergrund eines „Ja" zum Leben, das man liebt, wird das Gewicht der Wende sichtbar, die dem alt werdenden Menschen auferlegt ist, wo er einsehen muß, daß er eben dieses Leben, das er liebt, loslassen muß – aber auch einsehen darf, daß an seine Stelle ein Leben treten kann, das nicht mehr durch die Grundnöte des Daseins gefährdet ist, sondern auch durch sie und in ihnen aufgehen kann und an beglückender Schönheit allen Glücksmöglichkeiten des bisherigen Lebens überlegen ist.

Schon die Grundnöte des Lebens, denen niemand entfliehen kann, können zur Schwelle werden, deren Überschreiten einen neuen Glauben begründet. Die Grundnöte sind die Angst vor der alles bedrohenden Vernichtung und schließlich vor dem den Menschen selbst bedrohenden Tod; die Begegnung mit dem Absurden und eine Verzweiflung am Sinnlosen; und die Trostlosigkeit der Vereinsamung. Diese drei das menschliche Leben überhaupt bedrohenden Nöte kommen im Alter unausweichlich auf den Menschen zu. Und Therapie des alten Menschen bedeutet die Führung auf dem Wege, eben diesen Nöten in einer Weise unerschrocken begegnen zu lernen, die sie zu Quellen eines neuen und vertieften Lebens zu verwandeln vermag. Die darin liegende Aufgabe kann der Mensch mit seinem gewöhnlichen Ich nicht erfüllen; er muß es fallen lassen oder überspringen. Wo sie aber erfüllt wird, macht der Mensch einen Sprung auf eine andere Ebene. Und in diesem Augenblick mag er nicht nur das Wunder der Wandlung seiner selbst, sondern auch seines Lebens erfahren: daß im Annehmen des Todes ein Leben aufgehen kann, das jenseits ist von Leben und Tod, im Annehmen zunehmender Sinnlosigkeit des Lebens, die den bleibenden Lebensraum verdunkelt, das Aufgehen des Lichtes eines Sinnes, der jenseits dessen ist, was für den gewöhnlichen Menschen Sinn von Unsinn unterscheidet, und im Annehmen der Einsamkeit die Erfahrung einer Geborgenheit in einem überweltlichen Ganzen, die jenseits ist von Geborgenheit oder Einsamkeit dieser Welt.

Es gab und gibt auch noch einen Glauben an Gott und das Erlösungswerk von Jesus Christus, der den Menschen in solcher Tiefe trägt, daß nichts, das ihm im Leben widerfährt, ihn aus diesem Glauben herauswerfen kann. Und gerade *die* Erfahrungen, die ihn als den gewöhnlichen Menschen am Leben hätten verzweifeln lassen können, sind es dann, die ihn immer wieder in die Arme Gottes zurückführen und die erlösende Überzeugungskraft des Mannes am Kreuz erfahren lassen. In dem Maße aber, als rationales Denken die Überhand gewinnt über einen Glauben, der rational nicht begründet werden kann, in dem Maße ist der Mensch unweigerlich ein Opfer des Zweifels am Sinn des Lebens. Wenn er aber in dieser Situation einer Verödung seiner Existenz die Gnade hat, *Erfahrungen* zu machen und ernst zu nehmen, die ihn über allen Zweifel hinaus in einer Dimension anrühren, die von allen Bedingtheiten der Welt nicht berührt wird, hat er die Chance, ein neues Glaubensleben zu gewinnen.

Dieses neue Glaubensleben dem alten Menschen zu eröffnen ist Möglichkeit und Aufgabe eines Psychotherapeuten, der dem eigentlichen Grundproblem des alten Menschen gewachsen ist, weil er selbst eine Wirklichkeit erfahren hat und als letzte Wirklichkeit für sich anerkennt, die jenseits aller Fragwürdigkeiten liegt.

Psychotherapie des alten Menschen meint letztlich die Aufgabe, den Horizont seines Lebens zu erweitern über jene Grenzen hinaus, die ihm durch sein Welt-Ich gesetzt sind und innerhalb derer er sein Leben bisher geführt hat. Wo der Therapeut selbst über einen religiösen Hintergrund verfügt, der auf Erfahrungen beruht, kann er, in seiner Weise von diesen Dingen sprechend, weil er sie nicht „predigt“, gerade jener nüchternen Skepsis des alten Menschen begegnen, die man durch eine wohlgemeinte Aufforderung, „doch zu glauben“, nicht mehr überwinden kann. Alles, was bisher als ein Ende gefürchtet werden mußte, wird, wenn es in rechter Weise angenommen wird, zu einem neuen Anfang: das Annehmen der Schwäche zur Entdeckung einer neuen Kraft, das Annehmen der Verdunkelung zum Aufgehen eines neuen Lichtes, das Annehmen zunehmender Kälte zum Einströmen einer neuen Wärme, in der das All-Eine sich der unverstellten Erfahrung als ein Einströmen überweltlicher Liebe bezeugt. So verliert unter rechter Führung bei dem alten Menschen der Tod seinen Stachel. Er wird schon bei Lebzeiten als Tor und Übergang zu einem neuen Leben und in diesem Sinn als die den alten Menschen verwandelnde therapeutische Kraft erfahren.

Im Hinblick auf das, was unter Transzendenz verstanden werden kann, wird die entscheidende Wende des menschlichen Bewußtseins unserer Zeit deutlich: von der Transzendenz als Angelegenheit eines Glaubens, der angesichts des unendlichen Leidens in dieser Welt immer wieder am Zweifel zerbricht, zu einer Transzendenz als Inhalt einer erlösenden und verwandelnden Erfahrung, die sich gerade inmitten all dessen ergeben und bewähren kann, an dem der traditionelle Glaube im Zweifel zerbricht.

Ist der Augenblick gekommen, dem alten Menschen einen neuen Weg zu weisen, so muß die Arbeit notwendigerweise mit dem Versuch einsetzen, Lebensaugenblicke erinnern zu lassen, in denen die andere Dimension, die Dimension des Wesens, in eindeutiger Weise anklang. Es geht um die Erfahrung des Wesens als der Weise, in der ein größeres Leben im Menschen anwesend ist und in ihm und durch ihn hindurch offenbar werden möchte in der Welt. Es geht um die Erinnerung und die Erneuerung von Augenblicken, in denen dieses Wesen erfahren worden ist. Es gibt kaum ein menschliches Leben, das ohne solche Augenblicke ist. Oft sind es Augenblicke aus der Zeit der Jugend, aus der Adoleszenz, in der faktisch im Umbruch zu seinem Geschlecht hin eine gefügte Welt der Vorpubertät in sich zusammenbricht oder einschmilzt und im Übergang zu einer neuen Form für einen Augenblick, in dem die Konturen des Lebens durchlässig sind, die ganz andere Wirklichkeit hindurchschimmert und im jungen Menschen jene Hochgefühle erzeugt, in denen er zwischen unendlicher Weltverbundenheit und tiefinnerlicher Einsamkeit gespannt augenblicksweise etwas vom göttlichen Grund des menschlichen Lebens erfährt. Es gibt aber auch echte Seinsfühlungen in der frühen Kindheit, im fünften oder sechsten Lebensjahr, an die der Erwachsene sich genau erinnern kann. Sich gerade ihrer zu erinnern, kann für den alten Menschen besonders heilsam sein, denn Seinserfahrungen behalten ihre Gültigkeit, denn ihr Erlebnisgehalt ist zeitlos.

Es ist die Aufgabe des Psychotherapeuten, den alten Menschen jene Sternstunden des Lebens erinnern zu lassen, in denen er ganz unvermittelt und ohne Verdienst etwas erfuhr, das ihn nicht nur beglückte, sondern ihn für einen Augenblick in eine ganz andere Wirklichkeit stellte. Er mag damals geglaubt haben, zu träumen, in irgendeinen Gefühlsüberschwang geraten zu sein, hinter dem nichts steht, wie er denn überhaupt bisher geglaubt haben mag, daß Gefühle nur trügerische Zeichen für eine nicht haltbare Wirklichkeit sind, während wahre Wirklichkeit nur dort ist, wo sie nichtemotionaler, rationaler Kritik standhält. Und nun soll er zugeben, daß das Innerste des Menschen, das, was sein Sinnzentrum sein könnte, in keiner anderen Weise zum Ausdruck kommt als im Fühlen einer rational nicht faßbaren, aber ernst zu nehmenden Innerlichkeit. Er muß jenes Innen öffnen, das den Menschen immer wieder sowohl mit dem Gefühl einer Befreiung erfüllt als ihn auch mit der Entdeckung eines höheren Sinnes des Lebens und damit eines neuen Gewissens, dem nunmehr zu dienen ist, beschenkt.

Der alte Mensch, der gewohnt ist, für andere zu leben, für eine Sache, ein Werk, wird oft zunächst fragen: „Ist das nicht reiner Egoismus, wenn ich mich jetzt nur noch um mich kümmere?“ Die Antwort auf diese Frage: „Nur, wenn du selbst dich nunmehr dem Gesetz der Verwandlung unterwirfst, wirst du noch für deine Mitmenschen das sein können, was du, ohne etwas in der Welt zu leisten, sein kannst – eine Quelle des Segens, eine Stätte des Strahlens und der Vermittlung eines Glückes, das durch kein äußeres Leisten erreicht noch vermittelt werden kann.“ Doch alles gute Zureden nützt nichts, wenn nicht etwas erfahren wird. Und damit ist der Kernpunkt einer Psychotherapie des alten Menschen bestimmt: die Vermittlung und Erneuerung von Erfahrungen, in denen der Ursprung menschlicher Verwandlung als Kraftquell, Sinnzentrum und Quelle echter Geborgenheit erfahren werden kann.

Das Kreisen des Ichs um das Feststehende steht im radikalen Gegensatz zum Prinzip des Lebens, das ewige Verwandlung meint, ewiges Werden, Entwerden und Wiederwerden. Wenn auch der mit seinem Welt-Ich identifizierte Mensch dauernd um ihm Sicherheit gewährendes Feststehendes kreist, wirkt doch ohne Unterlaß auch in ihm das Prinzip der Verwandlung weiter.

Mit der theoretischen Einsicht in den Widerspruch des Ich-Prinzips, das immer das Feststehende sucht, zum Prinzip der Verwandlung ist jedoch wenig getan. Erst wo ein faktischer Schritt der Verwandlung, der bewußt vollzogen wird, dem alten Menschen etwas Neues aufgehen läßt, um das es sich lohnt, erst da besteht die Chance einer Umkehr. Die Umkehr betrifft die Neuorientierung des gesamten Lebens, das Einsetzen eines neuen Lebensprinzips. Während es bisher immer darum ging – und das hat auch seinen Platz im Leben des Menschen –, etwas zu schaffen und das Geschaffene zu bewahren und zu sichern, so geht es jetzt um etwas völlig anderes: um die Verwandlung, um die eigene Verwandlung, um die Verwandlung des eigenen Menschseins. Die Voraussetzung auch nur für die Möglichkeit einer Verwandlung ist in den meisten Fällen ein Zusammenbruch der alten Fassaden, und damit wird wieder der tiefenpsychologische Aspekt der Psychotherapie des alten Menschen sichtbar.

Natürlicherweise ist mehr als jede andere Altersstufe die des alten Menschen auf dem Wege der Verwandlung durch fest eingefleischte Vorstellungen, Einstellungen, Standpunkte, Positionen blockiert. Das Einmünden auf den neuen Weg enthält die Zumutung des großen „Stirb und Werde", das heißt des Fallen-Lassens einer Fassade, mit der der alte Mensch sich meistens gänzlich identifiziert. So erkennt er auch die ihn bedrohenden Schattenkräfte nicht, sondern leidet meist nur mehr oder weniger vorwurfsvoll unter ihren physischen Auswirkungen und projiziert sie darüber hinaus auf seine „böse" Umwelt. So lebt er in der schönen Lüge seiner ihm gerechtfertigt scheinenden Ansprüche.

Ihm den „Star zu stechen" ist keine leichte Aufgabe. Daß diese Fassade zusammenbricht im Erkennen der in ihr eingefrorenen Lebenslüge, ist die psychologisch härteste Aufgabe des Psychotherapeuten. Aber außerordentlich ist die Wirkung, wo es gelingt, die Wendung zur inneren Wahrheit mit allen Bekenntnissen eigener

Schuld und Unwahrhaftigkeit wie auch dem Zulassen des Ausdrucks verdrängter Gefühle zu ermöglichen. Solcher Zusammenbruch ist die Voraussetzung für den Anfang eines neuen Lebens.

Was kann der Therapeut dem alten Menschen, der ihm Vertrauen schenkt, versprechen? Nicht mehr und nicht weniger als ein neues Leben, ein Leben der Stille, aus der Stille, aus einer erfüllten Stille für ihn selbst und ein segensreiches Sich-Auswirken-Können dieser Stille auf andere.

Den meisten alten Menschen fehlt die Stille. Sie sind unruhig und rastlos. Es ist, als liefen sich die tausend Impulse zu Leistungen, die kein Ziel mehr haben, irgendwie wund. Diese Rastlosigkeit des Alters gilt es abzubauen. „Ich kann mich doch nicht einfach hinsetzen und gar nichts tun", so sagen viele Alte. Gerade das muß man ihnen dann eröffnen, daß sie zum ersten Mal in ihrem Leben „nichts tun" dürfen, ja, daß nur, wenn sie einmal versuchen, wirklich nichts zu tun, die Chance besteht, eine Wirklichkeit zu entdecken, die nicht das Produkt eines Tuns ist, sondern Erscheinungsform eines tief inneren Seins. Es ist schon sehr viel gewonnen, wenn ein alter Mensch begriffen hat, daß die wichtigen Augenblicke seines Lebens nunmehr nicht mehr die sind, in denen er noch etwas tun kann, einer Beschäftigung nachgeht, irgendwo hilft im Hause, im Garten, in der Küche, sondern die Augenblicke, in denen er sich dem Nichtstun widmet. So unbegreiflich es ihm am Anfang auch sein mag – wenn es ihm gelingt, diese Augenblicke des Nichtstuns, des einfachen stillen Dasitzens voll auszukosten, das heißt die innerliche Möglichkeit wahrzunehmen, die im Nichtstun liegt: die Möglichkeit eines völligen Loslassens, eines Schauens, Horchens, Schmeckens nach innen, hat er die Chance, dabei etwas zu vernehmen, was aus dem tiefsten Inneren aufleuchtet, den nach innen Gewandten ganz leise berührt, aber von jener Qualität erfüllt ist, die man das Numinose nennt.

Zu solchen Erfahrungen braucht es gewiß Zeit und zum Stillsitzen anfänglich auch die disziplinierte Bemühung. Doch erst wenn der Übende weiß, daß er es nicht tun *muß*, sondern tun *darf* mit der Aussicht auf eine besondere Wirkung, wird er sich dazu bereit finden und an diese Arbeit nach innen gehen. Was aber für den einen Produkt eines besonderen Bemühens ist, ist für den anderen Ergebnis eines natürlichen Wachstums. So dort, wo ein alter Mensch auf der Bank vor seinem Hause sitzt, in die Weite schaut, schweigend, unbeweglich, stundenlang, die Hände auf dem Bauch gefaltet. Er tut nichts mehr, und doch „tut" er gerade das Richtige. Dort, wo er ist, dort, wo er sitzt, dort, wo er schaut, da geschieht etwas. Da geschieht Leben in seinem innersten Bereich. Das Nächste ist mit dem Unendlichen verbunden, und in geheimnisvoller Weise gehen die Wellen hin und her zwischen dem alten Menschen vor seinem Haus und der Ferne, in die er schaut, sei es das Meer, sei es die Ebene, sei es der Wald, seien es die Berge, sei es der Himmel; es kann aber auch der hohe Baum vor seinem Fenster sein oder die Wand seines Zimmers, ja selbst das Dunkel seiner erstorbenen Augen. In der Weise seines Schauens wird, was er sieht, zu einer Weise des Unendlichen, dem er sich selbst nun zugehörig empfindet. In diesem Hin und Her des Unendlichen, das sich in sich selbst bewegt, hat er seine Stille, eine leuchtende Stille, eine erfüllte Stille, eine gesegnete Stille. Ist er glücklich? Es paßt kein Wort zur Bezeichnung des Zustandes, der hier eintreten kann, aber da ist etwas, wo er sitzt, es ist erfüllt. Da ist keine Frage mehr, das kann *Leben* sein, wenn es in einem Menschen ganz zu sich selbst gekommen ist, auf einen Gipfel, der selbst die Wurzel aller Dinge ist. Und was kommt bei dieser Stille heraus? Vielleicht keine Veränderung in der äußeren Welt, wohl aber eine vom alten Menschen ausgehende Strahlung, in der Segen ist.

Es gibt nicht nur den rastlosen und dadurch von aller inneren Stille weit entfernten alten Menschen, sondern auch den in eine lethargische Unbeweglichkeit geratenen Alten. Wofern er überhaupt noch therapeutisch ansprechbar ist, das heißt, vor allem unter seinem Zustand leidet, gilt es, seine Lebensgeister und erst dadurch auch den Geist zu einem neuen Leben zu erwecken. Hier hat die Beschäftigungstherapie ihren Platz. Nur dann aber wird sie ihre höhere Aufgabe erfüllen können, wo das, was sie dem alten Menschen bringt, mehr ist als ein bloßer Zeitvertreib. Aber auch wie sinnloser Zeitvertreib aussehende, weil automatisierte Bewegungsübungen oder Spiele können, wenn ein Alter überhaupt noch die Fähigkeit zum Innewerden seiner eigenen Tiefe besitzt, bisweilen den Zugang zu ihrem Erleben öffnen. So können, um nur ein Beispiel zu nennen, alte Frauen im Stricken zu einer glückhaften Stille kommen, die in ihrer Wesensbedeutung ins Bewußtsein zu heben, Aufgabe des Therapeuten ist.

Zur Psychotherapie des alten Menschen gehört, je älter der Mensch ist, dem die Führung zuteil wird, die Anleitung zur rechten Weise, im Leibe da zu sein. Die eigentliche Aufgabe mit Bezug auf diesen Leib ist die Durchlässigkeit zum immanenten Wesen, zum eigentlichen Kern des Menschen. Dies hat die Lösung aller Verspannungen und Verkrampfungen zur Voraussetzung. Der königliche Weg zur großen Gelöstheit ist die rechte Übung des Atems. Hier ist er nicht als eine Einrichtung zum Lassen und Holen von Luft zu verstehen, sondern als der große Rhythmus des Sich-Öffnens und Sich-wieder-Schließens, Sich-Hergebens und Sich-wieder-Zurückempfangens. Immer steht am Anfang die Übung, sich im Austatmen loszulassen. Genauer gesagt: sich im Ausatmen „oben" loszulassen und sich in der Leibesmitte niederzulassen, um dann ohne eigenes Zutun den Einatem einfach zuzulassen.

Wo die Übung des Atems als ein Geschehenlassen gekonnt ist, kann hinzukommen ein planmäßiges Sich-Spüren-Lernen im ganzen Leibe. Der Übende durchwandert von Kopf bis zu den Füßen seinen Innenleib, immer sich am Ende des Ausatems dort, wo er gerade ist, loslassend. In dieser Übung, wo sie planmäßig wiederholt wird, lösen sich uralte Spannungen. Und weil Spannungen als Sprache des Leibes, der man ist, verhärtete Formen eines Mißtrauens sind, kann über den Leib, der man ist, im Loslassen auch Mißtrauen abgebaut werden, wie es oft den alten Menschen, z. B. wenn er schwerhörig wird oder nicht mehr gut sieht, erfüllt: Abbauen der Spannungen in den Schultern als Ausdruck des Mißtrauens gegen die bedrohende Welt; Abbauen der Spannungen in der Höhe des Herzens, des Solarplexus und des Magens als Ausdruck des Mißtrauens gegen die verdrängte Emotionalität; Abbau der Spannungen im Unterleib als Ausdruck des Mißtrauens gegen die Tragkraft des Bodens, auf dem man sich bewegt.

Im stillen Dasitzen oder auch im Liegen den ganzen Leib durchwandern, ganz planmäßig Teil nach Teil wahrnehmen und spüren, Lenden- und Beckengebiet, Gesäß, Sitzknochen spüren – den Bauch wahrnehmen – es wagen, sich hineinzulassen in den Bauch-Becken-Raum; weiter herunter die Oberschenkel, die Knie, die Waden, die Knöchel, die Füße, die Zehen spüren. Dann wieder ausgehend vom Kreuz-Lenden-Gebiet hinaufspüren, die Wirbelsäule entlang in beiden Rükkenhälften, Schultern, Arme, Hände mit den Fingern; Nacken und Kopf, Gesicht, Hals, Brust, Magengegend und wieder in den Bauch-Becken-Raum zurückkehren. Besondere Bedeutung kommt der Wahrnehmung des eigenen Gesichtsausdrucks zu. Gerade ältere Menschen haben häufig einen besorgen Ausdruck, die gerunzelte Stirn, das besorgte Auge, den verbissenen Kiefer etc. Und da jeder Ausdruck nicht nur etwas ausdrückt, sondern das, was er ausdrückt, immer neu schafft, halten besorgte Mienen die Sorge, die sie ausdrücken, fest. Wer sich seiner besorgten Miene bewußt wird, kann sie fallen lassen mit dem Erfolg, daß auch die besorgte Stimmung weicht. Solche Übungen gehören zu den Grundübungen der personalen Leibtherapie.

Der in der alten Tradition ausgebildete Psychotherapeut wird sich wundernd fragen, was solche „Leibes"-Übungen mit seinem Auftrag zu tun haben. Diese

Frage stammt aus einer Zeit, in der noch nicht unterschieden wurde zwischen dem Körper, den man hat, und dem Leib, der man ist. Da letzterer die Weise ist, in der der Mensch als Person, das heißt mit seinen personalen Haltungen sich ausdrückt und darstellt, aber auch festhält oder freigibt, bildet er ein natürliches Feld für eine befreiende und verwandelnde Einwirkung eines der personalen Verwandlung des ganzen Menschen zugewandten Therapeuten. Die Zeit des Psychotherapeuten, der glaubt, sich nicht um den „Körper" kümmern zu müssen, ist vorüber.

Wenn der Mensch lernt, sich im stillen Gewährenlassen des Atems mehr und mehr ganz innen zu spüren, werden ihn dann und wann Qualitäten berühren, die etwas seltsam Beglückendes haben, ganz zart, aber ganz tief. Er soll dann nicht sagen: Das sind ja nur vorübergehende kleine, angenehme Gefühle, sondern er vernehme die spezifische Qualität solcher Gefühle als Zeichen für das Auftauchen eines Neulandes. Solche kleinen, aus der Tiefe kommenden Gefühle sind wie die ersten Gräser oder Blumen im Frühling, die aus der Erde hervorkommen, hier und dort nur, die eine oder die andere, und doch Vorzeichen für ein baldiges Hervorbrechen eines ganz neuen Lebens, das aus einer winterlichen Landschaft mit einem Mal eine Frühlingslandschaft zaubert. So etwas ist auch möglich im Hinblick auf die kalt und dürr gewordene Lebenslandschaft des alten Menschen. Es gibt einen neuen Frühling, nicht als ein Wiedererwachen von allerlei jugendlichen Kräften, sondern als ein Erwachen auf eine ganz andere Lebenswirklichkeit hin, in der es nicht mehr um das Tun geht, sondern um ein zeitloses Sein. Hier sind die Augenblicke, in denen der Mensch nichts

„tut", die eigentlich wichtigen. Oder wenn er etwas tut, ist auch das Tun, wo man es aus alter Gewohnheit beherrscht, mehr ein Geschehenlassen, als ein Machen. Auch solche Augenblicke enthalten die Möglichkeit, die andere Dimension zu verspüren.

So wie durch das Wahrnehmen der Zeichen, die von der anderen Dimension zeugen, die Innenlandschaft des Menschen sich ändert, so ändert sich auch die äußere Welt, in der nun die alltäglichsten Dinge eine neue Bedeutung erhalten. Sie weist für den zu neuem Leben Erwachenden in ihrer raumzeitlichen Bedingtheit auf ein Überraumzeitliches hin. In der Möglichkeit dieser Erfahrung gewinnt dann die ohne Leistungslast zugelassene Welt für den nunmehr Gereiften einen neuen Sinn: den Sinn, als Welt ein Überweltliches zu manifestieren.

Altersreife als Prozeß ist eine fortschreitende Entdeckung der Innenseite der Welt. „Alles Sichtbare ist ein in einen Geheimniszustand erhobenes Unsichtbares", sagt Novalis. So ist auch alles Hörbare ein in einen Geheimniszustand erhobenes Unhörbares, alles Tastbare ein in einen Geheimniszustand erhobenes nicht Tastbares. Mit einem Wort: hinter der Oberfläche der Welt verbirgt sich eine zugleich in ihr erscheinende und doch sich verbergende Tiefendimension des Seins, zu der hinzuspüren eine besondere Kunst ist. Eben diese Kunst gilt es, im Alter zu lernen. Dieses Erlernen bedarf der Muße, bedarf der Zeit, bedarf einer bestimmten Einstellung. Das erste, was es hier zu erlernen gilt, ist das Verweilen. Wir hasten für gewöhnlich über die Eindrücke unserer Sinne hinweg. Ja, nicht nur dies, die sinnlichen Qualitäten gehen unter, nicht nur im dichter werdenden Netz der sie ordnenden Begriffe, sondern gehen auch in der Hast unserer an allem nur vorübereilenden Bewegung verloren.

Der einfachste Versuch, den man machen und zu dem man den alten Menschen einladen kann, ist, einmal zu spüren, was in seiner Hand und seinen Fingern geschieht, die auf einer Tischplatte liegen, wenn er sie auch nur fünf Minuten nicht bewegt. Was spürt er dort? Am Anfang wird er sagen: „Diese Tischplatte – ich spüre etwas, das ist hart, das ist kühl." Und das ist alles. Er verweile nur dabei, und alsbald wird ein eigentümliches Leben seine Finger erfüllen, ein Prickeln, ein Spüren der verschiedenartigsten kleinen Bewegungen. Ein ganzes Leben erwacht in seinen Fingern, erst in den Kuppen, dann in den Fingern, dann in der ganzen Hand. Der Handrücken wird beteiligt, ein ganzes Reich von taktilen Qualitäten beginnt in seiner Hand aufzublühen. Es lebt, es steigt herauf, in den Unterarm, den Oberarm, schließlich spürt er, wie der armselige kleine Anfangseindruck: „hart und kalt", sich zu einem Feld tausendfältiger Qualitäten entfaltet hat. Es ist wie ein Wunder.

Was hat das für einen Sinn? Von der Welt der Leistung her gesehen überhaupt keinen. Vom Inneren her gesehen ist es die Entdeckung einer Innenwelt, von der er bisher nichts wußte, die Entdeckung einer Unendlichkeit von Qualitäten, die sich hinter der nur arm erscheinenden Endlichkeit unserer gewöhnlichen Welt verbirgt. Und was wir mit dem Tasten vermögen, können wir mit dem Hören, dem Schmecken, dem Riechen und dem Sehen üben: die Entdeckung eines übersinnlichen Sinnes aller Sinnesqualitäten.

Der Sinn jeglicher Übungspraxis, verstanden als *exercitium ad integrum,* bedeutet im Dienste des alten

Menschen eine Verwandlung der Sicht des Lebens. Die Grenzen des alten Horizontes werden überschritten. Das Auge, das an der Oberfläche hängenbleibt, dringt durch zu einer bislang unbekannten Tiefe. Der Ton des Seins wird hörbar, denn auf dem Weg nach innen wird der Mensch gleich einem Instrument in einer Weise gestimmt, daß der geheimnisvolle Ton des Seins, der immer erklingt, widerklingen kann. Der Alltag als Übung wird sich ihm dann letztlich zum Feiertag verwandeln.

Das klingt vielleicht euphorisch, und doch entspricht es, wo der Weg der Übung wirklich konsequent gegangen wird, dem hier tatsächlich aufgehenden Leben. Zumindest aber weist es die Richtung, in der gedacht, gefühlt und gehofft werden kann.

X

Transzendenz als Erfahrung*

Die dem Menschen zugedachte Entwicklung zum vollen Menschen vollzieht sich in dem Maße, als sein Selbstbewußtsein in der Welt gegründet ist im Bewußtsein, Zeuge einer überweltlichen Wirklichkeit zu sein. Die dem Menschen zugängliche, über sein bloßes Menschsein hinausreichende Erfahrung jener Wirklichkeit also, die ihn als Menschen transzendiert, macht die Transzendenz als Erfahrung sowohl als Wendepunkt zu einem neuen Leben wie als bewußte Grundverfassung zum Zentrum sich vollendenden Menschseins.

Erleben der Wirklichkeit kann für den Menschen zweierlei bedeuten: das Erleben der ihm, seinen fünf Sinnen und seinem Verstand zugänglichen und zur Gestaltung aufgegebenen Wirklichkeit der Welt und seines täglichen Lebens, und zum anderen das Erleben einer Wirklichkeit, die diese weltliche Wirklichkeit überschreitet, transzendiert. Sein Leben zu erleben als Leben in der Welt und als ein Leben, das gegründet ist in einer überweltlichen, die Welt transzendierenden Wirklichkeit, ist also zweierlei.

Es gibt unendlich viele Menschen, gute Menschen, die ihre Aufgabe in der Welt sowie die Forderung eines ethischen Verhaltens in der Welt voll und selbstlos er-

* Der folgende Aufsatz ist nicht als wissenschaftliche Abhandlung, sondern wie eine Meditation zu lesen.

füllen und die doch keine Ahnung haben von einer anderen Dimension, die weltliches Leben übersteigt. Daran ändert auch nichts, daß sie „religiös" sein können und einen Glauben an Gott und Jesus Christus zu haben behaupten, womit aber noch nicht gesichert ist, daß sie kraft dieses Glaubens wirklich aus einer anderen Dimension leben. Hierzu ist Voraussetzung: Erfahrung der Transzendenz. Der Glaube an den „lieben Gott", der Glaube an Jesus Christus braucht in der Erfahrung das Feld allgemeingültiger Kategorien nicht zu überschreiten. Gott wird hier unwillkürlich vorgestellt als Person, ausgestattet mit übermenschlichen Fähigkeiten, ohne daß das „ganz Andere" gegenwärtig wäre. Ja, der naive Glaube schreibt Gott als Person auch natürliche menschliche Eigenschaften zu – daß er gut sei, zornig werden könne, verzeihen kann wie ein übermenschlicher Mensch. Das ihn und alles Menschliche Transzendierende, das heißt das Geheimnis, das wir Gott nennen und das alles Menschliche überschreitet, ist in diesem Gottesbegriff bestenfalls als Superlativ menschlicher Eigenschaften gegenwärtig, so in den Begriffen allmächtig, allgütig, allwissend. Um sich ihm zuzuwenden oder sich von ihm abhängig zu wissen, bedarf es keiner den Horizont des Menschlichen übersteigenden Erfahrung, sondern lediglich der Erhebung menschlicher Eigenschaften und Erfahrungen in einen Superlativ. Damit aber wird das Eigentliche verfehlt. Und so wird auch im Inhalt des sogenannten Glaubens an Gott im allgemeinen der Charakter und der Horizont des Menschlichen nicht verlassen, nur ins Übermenschliche gesteigert.

Das Wort „Transzendenz" kann zweierlei Bedeutung haben: eine den menschlichen Horizont überschreitende Wirklichkeit, oder aber eine besondere Erfahrungsweise des Menschen, die jeden Bewußtseinsinhalt in eine andere Dimension hebt. So kann die Verfassung, in der der Mensch etwas Einfaches, Alltägliches verrichtet, transzendentalen Charakter gewinnen, und ein Gebet, das nichts ist als eine sehr weltliche Bitte, ohne transzendentalen Charakter sein.

Transzendenz kann sich also auf zweierlei beziehen: auf eine überweltliche Wirklichkeit und auf eine innere Haltung des Menschen, in der alles, was er wahrnimmt oder tut, in einer transzendentalen Bedeutung gesehen wird. So kann zum Beispiel in einer Begrüßung, einem Händedruck lediglich die Begegnung zweier Menschen ihren Ausdruck finden. Sie kann aber auch von einem oder beiden Partnern als eine Begegnung im Raum der Transzendenz erfahren und geübt werden. Für viele Menschen überschreitet die Begegnung mit einem anderen Menschen nie die Grenzen des Weltlichen, und das „Grüß Gott" ist eine leere Formel für sie. Aber es gibt Menschen, die jede Begegnung mit dem anderen im Zeichen der praesentia Dei erfahren und durchleben. Dieses trifft beispielsweise für den wirklich priesterlichen Menschen zu, unabhängig davon, ob er seinem Beruf nach Priester ist oder nicht. Für ihn steht die Wirklichkeit als ganze im Zeichen des überweltlichen Seins. Und die banalste Handlung, das heißt die Haltung, in der sie vollzogen wird, kann davon Zeuge sein. Das hängt davon ab, wie weit der Mensch selbst im Zeichen der Transzendenz steht, die Welt in ihrem Zeichen sieht und das, was er tut, was es auch sei, nicht ohne Fühlung mit der ihm durch die Transzendenz auferlegten Grundhaltung tut, das heißt ohne Unterlaß geöffnet ist für die ihm immanente Transzendenz.

Was meint aber überhaupt das Wort „Transzendenz“? Und was heißt es, sich der immanenten Transzendenz zu öffnen? Es meint eine, um nicht zu sagen, *die* überweltliche Wirklichkeit des Seins. Jedoch dieser überweltlichen Wirklichkeit bewußt zu sein, dazu gehört eine besondere Einstellung und Bereitschaft, ein Geöffnetsein nach innen hin in die Tiefe unseres Wesens, wobei wir unter Wesen die Weise verstehen, in der das überweltliche Sein in uns anwesend ist und in uns und durch uns manifest werden möchte in der Welt. Ist diese Geöffnetheit vorhanden, dann kann in jeder Handlung in der Haltung, in der sie vollzogen wird, die Präsenz des Göttlichen erfahren werden. Dazu muß man abbauen, was dieser Geöffnetheit im Wege steht, und zuzulassen lernen, was sie ermöglicht.

Der immanenten Transzendenz, das heißt ihrer Erfahrung, steht im Wege die Einstellung, die alles in gegenständliche und begriffliche Ordnung einfügt. Sobald also wirklich etwas aus unserer immanenten Transzendenz uns erreichen könnte, wird es in die Ordnung unseres rationalen Bewußtseins aufgenommen, registriert, fixiert und in bestimmte Erlebnisformen eingeordnet. Wo das geschieht, wird die jetzt, in diesem Augenblick uns suchende Transzendenz verstellt.

Um die Erfahrung der uns immanenten Transzendenz zu ermöglichen, sind vor allem zwei Dinge erforderlich: erstens, daß wir uns befreien von den Inhalten, Bildern und Gedanken, die uns im Augenblick beschäftigen, die ihren Platz in der Ordnung unseres gegenständlichen Bewußtseins haben. Das sich Leermachen von allen Bildern und Gedanken ist aber ungeheuer schwer, denn kaum ist ein Bild verschwunden, taucht ein anderes auf. Der Zen-Mönch, der in der Meditation die große Leere sucht, spricht im Hinblick auf die uns nicht loslassenden Bilder und Gedanken von der uns umschwirrenden „Affenherde".

Aber es sind nicht nur Gedanken und Bilder, die die Anwesenheit der uns immanenten Transzendenz in unserem Bewußtsein verhindern. Es ist auch eine Fehlform der Präsenz des wachen Ichs. Die eine Fehlform ist das Dasein in der Verspannung, die andere das Dasein in der Aufgelöstheit. Zur bewußten Präsenz der uns immanenten Transzendenz gehört also, zweitens auch eine bestimmte Haltung, eine bestimmte Weise, da zu sein, eine der immanenten Transzendenz angepaßte, ehrfürchtige, abwartende, wirklich hinhorchende Haltung. Dann ist die Chance gegeben, in Berührung mit etwas zu kommen oder zu bleiben, das uns vom Wesen her sucht, und zwar ohne Unterlaß sucht. Denn das ist eine Grunderkenntnis: Wir sagen ganz selbstverständlich: „Wir suchen die immanente Transzendenz", oder: „Wir suchen die Erfahrung der uns immanenten Transzendenz." So zu denken ist natürlich. Aber gerade diese Haltung, in der wir etwas suchen, verhindert das Berührtwerden von dem, was wir suchen; denn das, was wir suchen, ist das, was uns zeitlebens immerzu ganz aus unserem Innersten heraus sucht, das heißt sucht, uns mit sich selbst zu erfüllen. Wir werden ohne Unterlaß gesucht, wir werden heimgesucht, in unsere eigentliche Heimat hinein gesucht. Und unsere Haltung, in der wir es suchen, verhindert das Gefundenwerden von dem, was uns sucht. So wie die Blume aus ihrem Wesenskern heraus wächst und unstörbar hinwächst auf die in diesem Samenkern angelegte Blume, so ist auch in uns jemand da, der sucht, selbst als entfaltete Form da sein zu dürfen. Wir werden gesucht, das heißt, es ist etwas in uns, das uns auf den hintreibt, der wir eigentlich im Grunde sind, so wie die Blume schon in der Knospe ist und die Knospe schon im Samenkern. Der Unterschied besteht nur darin, daß bei der Blume nichts anderes als ein Unheil von außen – keine rechte Erde oder Wasser und Licht – den Prozeß, die Blume zu werden, stören oder verhindern kann. Beim Menschen aber ist es anders. Sicher gibt es Zustände, die auch von außen her das Wachstum unterbrechen oder stören. Aber der entscheidende Gegner ist unser natürliches Welt-Ich, das unwillkürlich seine jeweilige Form zu bewahren und gegen jede Verwandlung festzuhalten sucht oder aber die eigentlich vom Wesen gemeinte Form durch ein Bild, ein eigenes Idealbild, zu ersetzen versucht.

Wie soll man das näher bezeichnen, was wir werden möchten? Eine raumzeitliche Weise, das überraumzeitliche Wesen, das wir sind, als Gestalt darzuleben? Es ist unser überraumzeitliches Wesen, das ein ganz bestimmtes Bild eines Menschen in sich trägt, und es geht immer um die Verwirklichung dieses ganz bestimmten Menschenbildes. „In jedem ist ein Bild | des, der er werden soll, | und eh er das nicht ist, | ist sein Glück nicht voll“, sagt Angelus Silesius. Das Menschenbild, das hier gemeint ist, ist nicht nur eine äußere Gestalt von jemand, der dann so und so aussieht und mehr und mehr dem von außen her gleichen könnte, der er eigentlich ist, sondern es ist eine ganz bestimmte Weise, in der das überzeitliche Sein in unserer Weise, in der Welt zu sein und sie zu sehen, Gestalt zu werden sucht.

Und darum geht es, sich dieser immanenten Transzendenz als der maßgebenden Gestaltungskraft unseres Menschseins zu öffnen, nicht als einem bildlosen, vagen Gefühl, sondern gerade als einer bestimmten Gestalt, die in ihrer Weise, da zu sein, sich zu geben, ja auszusehen, das leibhaftig zu verkörpern versucht, was sie im Wesen dem überweltlichen Wesen nach ist.

Wir sind diesem Wachsen aus dem Wesen heraus in verschiedener Weise verschlossen. Zu allererst dadurch, daß wir in unserer notwendigen Bedürftigkeit, in jedem Augenblick zu bestehen, immer eine statische Figur darstellen, die die Verwandlung zu dem, der wir eigentlich sind, verhindert, so daß der zu werden, der man im Grunde ist, eine ungeheuer schwierige Aufgabe ist. Wie soll man seiner selbst im Wesen überhaupt innewerden? Ich glaube, nur auf dem negativen Weg, daß wir immer wieder uns fragen müssen: „Ist die Weise, wie wir jetzt da sind, wie wir jetzt einer Situation begegnen, wie wir jetzt einen Menschen ansprechen oder ihm antworten, ist das dem entsprechend, was im Grunde vom Wesen her von uns gefordert wird?"

Das ist ja das Merkwürdige, daß der Mensch die Gabe hat, zu spüren, wenn er nicht recht ist, wenn er nicht so da ist, wie er vom Wesen her gemeint ist. Obwohl es von Augenblick zu Augenblick eine neue Situation ist, die wir leben müssen, für die wir also keine vergangene Erfahrung mitbringen, so gibt es doch offenbar ein Grundmodell des So-Sein-Müssens, So-Sein-Sollens, das uns innewohnt und jede Lebenssituation bestimmen sollte und demgegenüber wir jeden Verstoß spüren, merken können. Zum Beispiel, daß wir uns gehen lassen, daß wir uns rein in unserer physischen Haltung gehen lassen; oder daß wir uns in ein falsches Bild hineintragen lassen, etwas darstellen wollen; oder daß wir in einem bestimmten Augenblick auf eine Situation reagieren, die deutlich zeigt, daß es nicht unser Wesen ist, sondern unser kleines Welt-Ich, das hier reagiert. Hier nun liegt schon die große Schwierigkeit. Hat der Mensch wirklich „ein Bild des, der er [vom Wesen her] werden soll"? Ist es nicht so, daß wir meistens ein Bild von uns haben, wie wir jetzt sein sollten, das dem entspricht, was andere von uns erwarten? Was einer gewissen Konvention entspricht, daß es gewisse Dinge gibt, die „man" nicht tut, oder gewisse Verhaltensweisen, die man vermeiden müßte, z. B. einen Wutanfall, z. B. eine völlige Gleichgültigkeit in einer Situation, die unsere Teilnahme erforderte? Wann sind wir jemals so, wie wir eigentlich wesensgemäß sein sollten?

Wäre nicht eine Antwort auf diese Frage: daß die Bekundung der Transzendenz, in der eine ein Verhalten begleitende Innerlichkeit uns erfüllt, dann erst der Grundforderung entspricht, wenn die uns im Grunde tragende Innerlichkeit die Transzendenz ist?

Spricht man von der immanenten Transzendenz, so wird der Inhalt der Transzendenz abhängen von der Art der Religiosität, die einen Menschen bewegt. Es gibt keine Religon, die sich nicht auf eine Form der immanenten Transzendenz bezöge, deren Bewußtwerden mit der Erfahrung des Numinosen verbunden wäre. Doch der Charakter, den diese hat, wird ein anderer sein, je nachdem, ob die religiöse Grundwirklichkeit einen personalen oder unpersonalen Charakter hat.

Hier gewinnt eine Äußerung von C. G. Jung Bedeutung. Seine Antwort auf die Frage, was eigentlich das

Numinose sei, lautete: „Die Realität, die sich in der erfahrbaren Qualität des Numinosen äußert, ist die Grundlage aller Religionen.“ Diese Formulierung des Numinosen von C. G. Jung, die sich auf eine in allen Religionen, nur in verschiedener Weise äußernden überweltlichen Wirklichkeit bezieht, wirft die Frage auf, ob eben diese allen Religionen gemeinsame Wirklichkeit der wirkliche Kern aller religiösen Bilder ist. Sind Siddharta (Buddha), Krishna, Jesus Christus verschiedene Spiegelungen der einen, allen Religionen zugrundeliegenden überweltlichen Wirklichkeit? Und ist im Kern jeder religiösen Erfahrung, gleich welchem Bild der Erfahrende zugeneigt ist, ein und dieselbe überweltliche Wirklichkeit enthalten? Das würde beispielsweise bedeuten, daß die an das Bild bestimmter Personen geknüpfte Religiosität verschiedene Spiegelungen der einen überweltlichen Wirklichkeit wäre, die ihrem Grundgehalt nach dieselbe Würde und Wirklichkeit hätten.

Gewiß ist ein Unterschied zwischen der Weise, in der das schlichte Gemüt eines einfachen Menschen vom lieben Herrn Jesus spricht, und der Weise, in der die großen Mystiker hier die Personifikation einer übermenschlichen und überweltlichen Realität sehen. Das Geheimnis der Wirklichkeit der Transzendenz wird deutlich in der Unmöglichkeit, den Träger der Transzendenz, Gott, mit irgendwelchen menschlichen Eigenschaften „auszustatten“ oder ihn in eine begriffliche Ordnung des menschlichen Geistes einzuordnen. Um so entschiedener muß auf die Notwendigkeit einer erfüllenden und verpflichtenden, tragenden und fordernden, bergenden und zugleich auch gefährdenden Wirklichkeit hingewiesen werden, in der das Göttliche erfahren wird, während jede Qualifikation, die auch auf einen Menschen zutreffen könnte, z.B. Gott ist gut, zu einem Unding wird.

Fragt man sich nach der Berechtigung, im Hinblick auf bestimmte Erfahrungen von Transzendenz zu sprechen, so liegt die Antwort immer in der Richtung einer alles Leben des Menschen übersteigenden und ihm den eigentlichen Sinn gebenden Wirklichkeit. Je mehr es gelingt, diese Bilder von der Reminiszenz an Menschliches zu befreien, um so mehr kommt man dem Gemeinten nahe. So, wenn Meister Eckehart sagt: „Gott ist ein reines Nichts", das heißt, er ist über alles Menschliche und menschlich Faßbare erhaben.

In der Meditation geht es letztlich immer darum, die Bedingungen zu schaffen, unter denen Transzendenz jenseits aller Bilder oder sonstiger Bewußtseinsinhalte erfahren werden kann. Fragt man, wie sie erfahren wird, wird man aber doch auf gewisse Bilder angewiesen sein. So gibt es beispielsweise das Bild einer großen Schale, die den Übenden sowohl aufnimmt als mit ihrer Urkraft erfüllt, zugleich birgt und fordert, zugleich bestätigt und in Frage stellt, zugleich heimnimmt und auf sich selbst zurückwirft.

„In jedem ist ein Bild | des, der er werden soll ..." – dieses „Bild des, der er werden soll", ist im Grunde genommen doch wohl der vollkommene Mensch, derjenige, der dem, was Menschsein heißt und heißen kann, in seiner Weise entspricht. Dazu gehört sehr vieles. Dazu gehört ein ganz bestimmtes Verhalten zu sich selbst, zur Natur, zum Leben, zu dem, was einem widerfährt, zu anderen Menschen, kurz, eine Fülle von Verhaltens- und Reaktionsweisen, in deren Charakter sich das eine Bild spiegelt „des, der man werden soll".

Als Person haben wir den Auftrag, in der Welt Zeuge des uns durchtönenden Seins zu sein, uns in einer Weise zu verhalten, die dem Wesen entspricht. Wir müssen versuchen, ein inneres Ohr zu entwickeln, mit dem wir diese immanente Transzendenz, sich in der ihr zugedachten Weise in der Welt zu manifestieren, immer wieder wahrnehmen.

Was heißt es aber nun, auf diese immanente Transzendenz hinzuhorchen, hinzuspüren, hinzutasten? Das ist ein ganz bestimmter Zustand. Man kann sich gewisse Bilder dabei denken, wenn wir beispielsweise in der Meditation, deren Sinn es ist, immer mehr dem eigenen Wesen nahezukommen, sagen: es ist dies das Innerste, das wir zu erspüren versuchen, wie einen Kern oder wie ein leuchtendes Etwas, das für einen Augenblick aufblitzt und wieder verschwindet, das uns für einen Augenblick das Gefühl der Geborgenheit gibt, um dann wiederum uns ungeborgen uns selbst zu überlassen. Der Mensch fällt immer wieder aus der Geborgenheit seines Wesens heraus und muß sie immer wieder suchen.

Aber wie kann man die Erkenntnis dessen, der man eigentlich ist, fördern? Es gibt zwei Wege: der eine, daß wir uns dessen unmittelbar ansichtig werden, und der andere, daß wir erkennen, wo ein Verhalten nicht wesensgemäß ist und nicht dem Überweltlichen in uns entspricht, das in uns und durch uns manifest werden möchte in der Welt.

Dieses Manifestwerden in der Welt bedeutet eigentlich, daß wir in jedem Augenblick in der Welt in der Sprache dessen, was in diesem Augenblick von uns gefordert wird, zugleich unserem Wesen entsprechen und dem Ausdruck geben, der Weise also, in der das

Göttliche in uns anwesend ist. Ob wir am Schreibtisch sitzen oder mit einem Menschen sprechen, auf einer Wanderung sind oder auf der Flucht vor etwas, das uns bedroht, immer gibt es eine Weise, in der wir als das Welt-Ich, das wir sind und bleiben, doch zugleich eine Fühlung halten zu der anderen Dimension, der gegenüber das Welt-Ich zunächst einmal eine Verborgenheit darstellt, etwas, das sein Sichtbarwerden verhindert, zu gleicher Zeit aber für uns Menschen das Instrument, mit dem wir von der ganz anderen Dimension zeugen können im Verhalten zum anderen Menschen oder in der Auseinandersetzung mit uns selbst. Wir fürchten z. B. in sehr vielen Fällen die Wahrheit über uns zu entdecken, denn sie widerspricht so sehr dem Idealbild eines Menschen, der im Kontakt mit seinem Wesen lebt. Wir meinen kraft unserer Verankerung in der Transzendenz, daß wir keine Angst mehr haben, keine Angst mehr zu haben brauchen. Und doch haben wir immer wieder Angst. Aber wer gesteht sich das ein, daß er jetzt Angst hat? Und warum? Ich glaube, daß, je mehr der Mensch in der Lage ist, sich einzugestehen, daß er Angst hat, also sich so zu sehen, wie er jetzt in diesem Augenblick ist, er das wegnimmt, was dem Wesensgemäßen im Wege steht.

Was heißt es nun, „wesensgemäß" zu werden? Dem Wesen gemäß sein heißt – wenn das Wort Wesen die Präsenz des überweltlichen Seins meint –, geöffnet werden der uns immanenten Transzendenz, gehorsam werden ihr gegenüber, ihr nicht weglaufen. Die immanente Transzendenz ist nicht nur etwas, das uns trägt und uns mit Kraft erfüllt, sondern vor dem wir auch unwillkürlich Angst haben. Denn wem ist es angenehm, zu erkennen, wie weit er in seinem Welt-Ich verloren, fern ist von der ihm immanenten Göttlichkeit? „In *jedem* ist das Bild | des, der er werden soll ..." – gemeint ist, daß jeder von uns die ihm immanente Transzendenz in der Welt darleben soll, darleben, das heißt, darleiben, dardenken, darschauen, die Welt im Lichte der Transzendenz sehen, sich selbst in seinem Verhalten im Lichte der uns immanenten Transzendenz wahrnehmen.

Die uns immanente Transzendenz meint das uns innewohnende Göttliche. Das Göttliche hat seine Ausdrucksformen in der Weise, wie wir da sind, wie wir sprechen, wie wir uns bewegen. Geschieht es in der Weise, die unserer Natur entspricht, geschieht es in einer natürlichen Weise, die das Unnatürliche wegläßt? Jede Form des Sich-Machens, des Sich-Gebens, des Sich-Überspielens, des So-Tuns, als ob man keine Angst hätte, ist eine Weise, sich selbst zu verfehlen, die freilich auch zum Menschen gehört. Die Frage ist nur, ob er sich dessen bewußt wird. Es ist nicht so, daß er nur im Zustande einer Vollkommenheit dem ihm immanenten Gottesbild entspricht. Er ist überall recht, wo er sich selbst gegenüber in der Wahrheit ist, also weiß um die Weise, in der er abweicht von dem ihm zugedachten Bild. Die Vorstellung, vollkommen sein zu können, ist von vornherein ein Irrweg. Was aber kein Irrweg ist, ist die Vorstellung, sich selbst gegenüber wahrhaftig sein zu können. Es ist schwer genug, denn das, was sich meist als eigene Wahrheit erweist, ist oft gegenüber der Vorstellung, die man von sich haben möchte, sehr kümmerlich. Die immanente Transzendenz meint nicht nur ein vages Gefühl des Verbundenseins mit einem überweltlich Göttlichen, sondern wirklich eine eindeutige Erfahrung einer Quelle, die uns speist mit einer Kraft, die uns in jedem Augenblick kleine Feinde besiegen läßt. Eine Erfahrung, die uns verbindet mit einem Quell, der uns in jedem Augenblick den Durst nach Leben zu löschen vermag, mit einem Feuer, das uns immer wieder neu erwärmt, wenn wir in unseren Gefühlen den Mitmenschen und der Welt gegenüber erkalten; mit einer Luft, die uns immer wieder neu Atem fassen läßt dort, wo wir atemlos werden durch das, was die Welt von uns verlangt und uns die Kraft zur Wahrhaftigkeit uns selbst gegenüber gibt. Es ist die immanente Transzendenz eine Weise des Wirklichen, es ist die Weise *des* Wirklichen überhaupt, das sich aber in unendlich vielen Erlebnisformen darstellt. Die Frage ist nur, wie weit wir lernen, die Sprache der immanenten Transzendenz durch all ihre verschiedenen Ausdrucksformen hindurch zu vernehmen, zu verstehen und ihr zu gehorchen und immer wieder den Schleier zu zerreißen, den unser Welt-Ich über die uns zukommende Transzendenz legt.

Was heißt es, die immanente Transzendenz in der richtigen Weise darzuleben? Was heißt es, an ihr vorbeizuleben? Die Präsenz der Transzendenz erscheint sowohl in der Weise, in der wir handeln und uns benehmen, wie in dem unser Verhalten begleitenden Gefühl. Was immer in der Verbindung mit der Transzendenz gelebt oder getan wird, hat einen bestimmten Stimmungscharakter, und den Menschen, dem das Darleben der Transzendenz im Alltag zur Aufgabe oder sogar zur Pflicht geworden ist, wird sie dort, wo sie ihm aus dem Sinn gekommen ist, zum Innehalten in seinem Tun veranlassen. Der wahrhaft fromme Mensch wird sich dessen bewußt, wenn sein Tun plötzlich ohne Verbindung mit dem Göttlichen ist. Der

Mensch, dem die Präsenz der Transzendenz nur im Gebet oder in der Teilhabe an einem Kult beschieden ist, ist freilich arm gegenüber dem, für den die Verbindung mit der Transzendenz eine Grundstimmung bestimmt, so weit, daß, wenn er aus dieser Stimmung herausfällt, er sogleich innehält, um sich wieder bewußt dem Überweltlichen zu öffnen. Immer wieder muß der Mensch sich dessen bewußt werden, daß das Spüren der Präsenz der Transzendenz jedweder Handlung nichts an Präzision nimmt. Es ist umgekehrt: wo die Transzendenz die Grundstimmung des Menschen bestimmt, und das heißt, zugleich den Anspruch, die Fehlhaltungen, Ängste und Überanstrengungen des kleinen Ichs ausschaltet, erfährt er, daß die Präsenz der Transzendenz jedem Können seinen vollendeten Ausdruck ermöglicht, denn eben dieses wird durch jede Form von Ichhaftigkeit in Frage gestellt. Alles Versagen aber verliert sein Gewicht und wird vielleicht sogar mit einem leichten Lächeln dem unvermeidbaren Menschlich-Allzumenschlichen zugeordnet.

Das erste Gesetz, das zu beachten ist, ist das der inneren Wahrhaftigkeit, denn nur in ihr kann der Mensch der immanenten Transzendenz treu bleiben. Dort, wo er, beispielsweise von einer Gefahr verfolgt, Angst hat, ist die rechte Weise, in diesem Augenblick der immanenten Transzendenz zu gehorchen, sich zu dieser Angst zu bekennen und nicht so zu tun, als wenn man keine Angst hätte. So erscheint die uns immanente Transzendenz bisweilen auch in der Angst selbst, wenn wir die Angst als Angst erfahren und anerkennen. Zugeben, daß wir als Menschen jetzt Angst haben, ist etwas, was wir überhaupt nur können auf dem Hintergrund einer uns immanenten Transzendenz. Nur weil in uns eine Wirklichkeit ist, die uns, wenn sie uns wirklich erfüllt, aus aller Angst heraushebt, können wir in bestimmten Augenblicken die Angst, in der wir uns befinden, aushalten und zugleich auch die Tür offen halten zu der Quelle hin, aus der uns das zukommt, was uns die Angst nimmt. Das Herauskommen aus einer Angst gibt es nur, wo man zunächst einmal die Angst als solche sich eingestanden hat. Und wir sind viel häufiger in einer Angst, als wir es zugeben möchten, etwa in der Angst, einem Bilde nicht zu entsprechen, das andere Menschen von uns haben oder das man selbst in der Welt verwirklichen möchte. Man überspielt die innere Stimme der Wahrheit, die uns sagt: „Hör doch, wie bist du jetzt da!", gibt sich nur einen Ruck und meint, jetzt richtig da zu sein. Aber es ist aufgesetzt. Die immanente Transzendenz kann uns dazu verhelfen, uns eingestehen zu können, daß wir nur eine kümmerliche Karikatur dessen sind, der wir eigentlich sein möchten. Das Stehen in der Verbundenheit mit der immanenten Transzendenz bedeutet nicht, daß wir jetzt in einer vollkommenen Weise das verkörpern, was Menschsein sein sollte, sondern daß wir die Kraft haben, uns in der Wahrheit zu sehen. Denn die Wahrheit, in der wir uns sehen, ist etwas, dessen Quelle die Anwesenheit der immanenten Transzendenz ist.

Die immanente Transzendenz äußert sich keineswegs als präsent nur dort, wo wir dem Menschlichen, Allzumenschlichen überlegen sind, sondern gerade dort, wo wir das Menschlich-Allzumenschliche in seiner Dürftigkeit erkennen und es fertigbringen, uns in dieser Schwäche selbst wahrzunehmen und nicht, indem wir sagen: „Ach, ich bin ja eigentlich ganz anders", uns schlagartig eine Haltung geben, die gar nicht dem entspricht, was wir jetzt sind.

Die uns immanente Transzendenz wird in vielen verschiedenen Formen erfahren. Sie wird zunächst erfahren als eine überweltliche Kraft, die uns zum Ertragen von Zuständen und Schmerzen, zur Erfüllung von Aufgaben befähigt, die wir mit unserer rein menschlichen Kraft nicht zu leisten vermöchten. Die uns immanente Transzendenz wird uns bewußt in der Vorstellung von Bildern eines Verhaltens, das wir eigentlich haben müßten, aber nicht haben, dessen Quelle nicht das kleine Ich ist in seiner Dürftigkeit, Angst und Bedürftigkeit, etwas zu sein, das Eindruck macht und bedeutsam erscheint, sondern das uns ein Bild des Menschen zeigt, der ganz einfach ehrlich zu dem steht, der er jetzt ist, und sagt: „Das einzige, das wirklich der Bezugnahme auf das Göttliche widerspricht, ist die Lüge, sich anders zu geben, als man zur Zeit ist."

Das schließt keineswegs aus, daß man gewisse Formen des Daseins innehält, die nicht das spiegeln, was man wirklich spürt. So ist zum Beispiel eine Haltung, die die Angst verbirgt, in der man steht, ganz recht und in Ordnung, wenn man nur weiß, daß man in diesem Augenblick Angst hat. Die Freundlichkeit, die man einem Menschen gegenüber zeigt, braucht gar nicht echt zu sein. Es kann sein, daß wir jemandem nur aus konventionellen Gründen jetzt freundlich gegenüber sind. Das ist nichts Schlechtes. Nur müssen wir wissen, daß diese Freundlichkeit eine Weise des Verhaltens ist, die einer Konvention entspricht, aber nicht der inneren Wahrheit des Augenblicks. Oder wenn wir uns als gelassen und sicher geben, im Grunde genommen aber vor Angst „bibbern", braucht das nicht schlecht zu sein. Es ist vielleicht sogar notwendig, wenn man beispielsweise für einen gewissen Kreis verantwortlich ist, den man führen muß – nehmen wir an als Offizier. Ich weiß aus eigener Erfahrung als Offizier, daß ich Angst hatte. Aber in dem Augenblick, in dem ich für 30, 40 Menschen verantwortlich war, die auf mich schauten, war diese Angst nicht mehr da bzw. überspielt durch die Rolle, die ich hier spielen mußte. Das war nichts Schlechtes, und es wäre fehl am Platz zu sagen, das war verlogen, sondern es war etwas, das der Situation entsprach. Es geht also nicht darum, immer genau das zu zeigen, was man zuinnerst fühlt, aber sich jeweils dessen bewußt zu sein, wo man sich anders gibt, als man wirklich ist. Dieses Wissen muß vorhanden sein, daß man sich also nicht einbildet, z. B. eine große Dame zu sein, nur weil man sich wie eine solche verhält. Das braucht einen nicht zu hindern, den Versuch zu machen, einer großen Dame nahe zu kommen. Nur die Einbildung, sie zu *sein,* ist etwas, das sich in bestimmten Augenblicken bitter rächt, wenn plötzlich die Wahrheit an den Tag kommt, daß man ein kleines Mädchen ist, aber keine große Dame. Umgekehrt kann man sich auch einmal in seine eigene Wesenskraft rufen, und was man dann spürt, ist gültig, ist wahr und keine Vorspiegelung falscher Tatsachen.

Im Zeichen der immanenten Transzendenz zu leben bedeutet eine große Quelle der Kraft, aber auch der Kraft zur Wahrhaftigkeit im Eingeständnis der Schwäche, in der man ist. Der Mensch muß sich ja dauernd überspielen. Er muß im Grunde genommen dauernd mehr können, wissen und tun, als er eigentlich vermag. Das gehört zum Menschsein. Da kann die immanente Transzendenz viel helfen, dem Menschen Kräfte abzufordern, die er nie zeigen würde, nie zur Verfügung haben könnte, wenn er nicht diese Quelle zum Überweltlichen in sich hätte. Denn in jedem Menschen ist mehr als das gewöhnliche Welt-Ich und seine Kräfte. In jedem Menschen ist ein Überweltliches als Potential sowohl zu gewissen Gefühlen wie zu gewissen Handlungen, zu denen er nur fähig ist, weil in ihm etwas ist, das seine natürlichen Kräfte übersteigt. Und dieses gelegentliche Überschreiten der Grenzen seiner natürlichen Kräfte gehört zum Menschen, der nicht in einer Verfassung stehenbleiben will, die weit davon entfernt ist, das ihm eingeborene Bild „des, der er werden soll", zu verwirklichen; denn das Bild des Menschen, wie er vom Wesen her sein soll, enthält immer den Übermenschen dieses Menschen mit. Nur der Mensch, der über sein natürliches Potential hinausdrängt, wird zu dem Menschen, als der er vom Wesen her gemeint ist. Das bedeutet nicht, daß man sich in einer Weise geben soll, die der inneren Wahrheit widerspricht, aber die Forderung bleibt bestehen, wo es nottut, mehr von sich zu fordern, als einem von Natur in diesem Augenblick gegeben ist.

Der Mensch muß lernen, die Quelle seiner wahren Freude in einer Weise zu suchen, zu pflegen und schließlich in der Tiefe seines Wesens zu finden, indem er den Tag über, ganz gleich, woran er denkt, was ihn beschäftigt, was er tut, vor allem auch, was er anrührt, im Grunde bezogen bleibt auf die ihm immanente Transzendenz. Schon die Weise, in der wir Dinge berühren, darf die Fühlung mit der immanenten Transzendenz nicht aufheben, sondern im Gegenteil, sie dem Augenblick gemäß bezeugen. Die Weise, wie ich etwas anrühre, sei es Holz oder Stein, Metall oder

Stoff, kann meinen Fingern ein Fühlvermögen geben, das eine Verbindung mit der immanenten Transzendenz herstellt. Das ist eine besondere Erfahrung. Wenn man das einmal wirklich erfahren hat, kann man ganz bewußt Gegenstände in einer Weise anrühren, die die Fühlung mit der immanenten Transzendenz herstellt. Schon die Weise, wie ich die Hand auf den Tisch lege, wie ich jetzt die Holzplatte fühle, kann mich tief packen, so daß ich mir vom Hals oder vom Nacken her über die Brust ganz nach innen hinein einer anderen Dimension bewußt werde, die an sich immer mit im Spiel ist, ob ich's weiß oder nicht. Das überweltliche Sein ist immer da, die Frage ist nur, ob ich es spüre. Und nur, wenn ich es spüre, wird es in dem Maß und in dem Sinn wirksam, wie es mir eigentlich zugedacht ist.

Man kann die immanente Transzendenz spüren wie ein Geschenk, das uns aus einer großen Schale entgegenkommt, einer großen Schale, die uns sowohl aufnimmt als uns beschenkt. Sie haucht etwas in uns hinein. So fühle man ganz konkret das Göttliche in sich selbst. Es ist eine wirklich sinnlich spürbare Präsenz, die dauernd zu uns kommt und uns sucht. Wir brauchen sie nicht zu suchen, sondern wir müssen lernen, uns finden zu lassen.

Es kann die Fühlung mit der immanenten Transzendenz Ergebnis einer besonderen Bemühung in einem bestimmten Augenblick sein, z. B. in dem Augenblick, wo wir eine Blume gießen oder einen Menschen streicheln, daß wir dann von dort her da sind. Es kann und sollte zu einer Grundhaltung werden, daß wir die Fühlung mit der anderen Dimension, die unser Wesen ist, niemals aus dem Gespür verlieren und dann eigentlich erst wirklich da sind und dem gerecht werden, womit wir gerade umgehen. *Richtig da sein in der Welt heißt da sein als eine Weise, das Innesein des Seins in diesem Augenblick zu bezeugen:* Das Sein des Seienden im Seienden selbst zu erfahren, immer wieder zu spüren, und das Seiende mit dem Sein in unserem Erleben zu verbinden, so daß wir im Zusammensein mit einer Blume, einem Tier, einem Menschen etwas erfahren und bezeugen, das von uns zu ihm hinfließt, von uns zu ihm ausgeht und zugleich von ihm zu uns kommt. So kann man in der Begegnung mit einem anderen Menschen, ohne daß gesprochen wird, eine Fühlung mit der uns verbindenden Transzendenz herstellen. Das kann schon im einfachen schweigenden einander Gegenübersitzen geschehen oder, stärker noch, wo man eine Weile die Hand des anderen in seine Hand nimmt. Dann strömt eine geheimnisvolle Kraft hin und her, und diese Weise, beieinander zu sein, beschenkt beide mit einem Reichtum aus der Tiefe. Wie oft habe ich es erlebt, daß Menschen aus solch einem Augenblick bereichert von mir weggingen. Entscheidend dabei ist, daß man sich bewußt ist, daß in dieser Weise, zum anderen hinzuspüren und etwas zu ihm hinfließen zu lassen, nicht eine Kraft ist, die mir gehört, sondern ich öffne mich wie den anderen zur Erfahrung des uns beide durchflutenden Seins. Das ist dann die Situation, in der etwas geschieht, ein Tun, ohne zu tun, ein Geschehen, das geschieht ohne eigenes Zutun und mich wie den anderen aus einer verborgenen Tiefe beschenkt. Auch wenn wir mit dem anderen sprechen, worüber es auch sei, je nach der Grundhaltung, in der es geschieht, kann die Präsenz des Seins mehr oder weniger den Raum erfüllen, und das Gesprochene gewinnt unwillkürlich an Tiefe.

Der Mensch ist immer richtig da, wenn, wo immer es auch sei, mit wem es auch sei, er vom Sein her da ist und dadurch der Mittler der ihm immanenten Transzendenz zum anderen hin ist. Das gibt jeder Situation ihr eigentliches Leben, es gibt dem Humor seinen Saft, es gibt der physischen Kraft ihre eigentliche Stärke, es gibt der Heiterkeit ihre Tiefe, es gibt der Liebe vor allen Dingen ihren eigentlichen Sinn der Verbindung aus dem Göttlichen heraus – diese immanente Transzendenz, deren bewußt zu werden eine Grundaufgabe des Menschen ist, sich so nach innen hin offen zu halten, daß das Innen nach außen kommen kann.

Das Thema „Transzendenz als Erfahrung" betrifft nicht nur die besonderen Augenblicke, in denen man die Transzendenz als solche erfährt, sich von ihr erfüllt spürt, sondern meint auch die Weise, wie sie im Alltag anwesend ist.

Transzendenz als Erfahrung bedeutet also zweierlei: Einmal die besonderen Augenblicke, in denen man sich vom Wesen her erfüllt fühlt, innig berührt, wirklich berührt vom Christus in uns, also wirklich ein transzendentaler Augenblick: das sind Erfahrungen der Transzendenz. Und wenn man von Transzendenz als Erfahrung spricht, kann man zunächst einmal nur solche besonderen Augenblicke meinen.

Zum anderen meint aber die „Fühlung mit der Transzendenz" eine Grundgestimmtheit im tagtäglichen Dasein, also auch die Grundgestimmtheit in jeglichem Tun. Dieses ist aber keineswegs selbstverständlich, sondern repräsentiert eine besondere Grundhaltung des Menschen. Was immer wir tun, was immer wir sind, was immer wir sprechen, mit wem immer wir es zu tun haben – stets kann unsere Gesamthaltung, die

Weise unserer Präsenz, mehr und mehr bestimmt sein durch die Fühlung mit unserem Wesen. Im Grunde sollte diese Fühlung immer da sein, das heißt jegliches Tun von dort her durchwirkt sein und an Tiefe gewinnen. Dann entsteht jene Stimmung, in der wir in besonderer Weise mit dem umgehen, was uns gerade beschäftigt.

Es handelt sich also um ein Leben „sub specie aeternitatis". Im Grunde genommen sollten wir immer verbunden sein mit dem Göttlichen in uns, so daß ganz selbstverständlich alles, was wir tun, wie wir es tun, mit wem wir es tun, den Hauch dieses ganz Anderen in sich trägt und geprägt ist vom überweltlichen Sein.

Man darf den Satz wagen, daß die meisten Menschen, einschließlich all derer, die pflichtgetreu ihrer Arbeit nachgehen, nichts Böses tun, einfach gute Menschen sind, in ihrem Lebensgefühl doch nicht durchwirkt sind von dem Hauch der Transzendenz. Umgekehrt aber gibt es Menschen, die, gleich welchen Beruf sie ausüben, sich nie aus der Rückbindung mit der Transzendenz lösen. Man kann das einfach natürliche Frömmigkeit nennen. Diese drückt sich nicht in besonderen Übungen aus, dauerndem Begleitetsein durch Gebet oder spezifische Gottgedanken, sondern meint eine Grundhaltung, in der alles Tun, ja, schon die Weise, da zu sein, durchwirkt ist vom Überweltlichen in der Welt. Dann ist das Leben als Ganzes von einer besonderen Qualität, erfüllt von einem eigenen Geist, getragen von einer eigenen Kraft, in allem Tun in der Weise, wie es geschieht, Zeuge des Göttlichen in der Welt. Menschen, die so leben, haben eine besondere Strahlung, Mißmut ist ihnen fern. Und doch sind sie aller Gefühle mächtig, können von Freude erfüllt, aber auch von Zorn ergriffen sein, können lieben und hassen, nur daß sie sich schnell dessen bewußt werden, wenn eine Gefühlswallung im Widerspruch zur praesentia Dei steht.

Unsere Zeit ist im Begriff, diese Grundhaltung neu zu entdecken: daß es nicht nur um besondere gottbezogene Handlungen geht, sondern um eine Grundgestimmtheit, die für den frommen Menschen am einfachsten als eine ihn nie verlassende praesentia Dei bezeichnet werden kann.

Transzendenz als Erfahrung ist dann die Grundgestimmtheit durch die Gegenwart des Göttlichen in uns. In allen Situationen des Lebens in dieser Grundgestimmtheit zu bleiben und sich in ihr immer mehr zu verankern ist der eigentliche Sinn jeder meditativen Übung. Ihre Frucht ist nicht, was im Augenblick gespürt wird, sondern was, den ganzen Menschen verwandelnd, nachwirkt und fortwirkt.

Transzendenz als Erfahrung als Grundthema des Lebens meint also grundsätzlich zweierlei:

Einmal, daß wir immer wieder tagsüber uns von der Transzendenz her berührt fühlen, den Hauch der anderen Dimension wahrnehmen und dadurch selbst in eine andere Stimmung kommen, ja, im Grunde genommen uns so weit entwickeln können, daß, was immer wir auch tun, von dort her seine Stimmung und seine Schwingung empfängt: das Leben im Zeichen der Transzendenz als Erfahrung, das heißt der Transzendenz als einer Präsenz des ganz Anderen in allem, was wir überhaupt tun.

Zum anderen kann Transzendenz als Erfahrung und Bezeugung unserer Verbundenheit mit ihr bedeuten, daß wir ganz bewußt das, was wir im Augenblick tun, als Gelegenheit darleben, die Transzendenz als Wirklichkeit hereinzunehmen und zu bezeugen. Dann ist Transzendenz als Erfahrung zu gleicher Zeit gleichsam das Medium, der eigentliche Hintergrund von allem, was wir tun und im Augenblick darleben. Nur so verstanden, werden wir Menschen zu Zeugen des Göttlichen in der Welt, so daß wir selbst schließlich so durchformt sind von der Transzendenz, das heißt von unserem Anteil am Göttlichen, daß, ganz gleich, was von uns ausgeht, angefangen vom Atem, unserer Stimme, unseren Gesten, unseren Reaktionen, unserem Eingehen auf das andere oder den anderen, mit dem wir es soeben zu tun haben, alles Zeugnis ablegt davon, daß hier durch uns hindurch das Überweltliche wirkt und in die Erscheinung tritt. Dazu kommt noch die von dem von der Transzendenz Erfüllten ausgehende Strahlung, durch die der, der mit ihm eine auch nur kurze Weile verbringt, sich in einer Weise berührt, belebt, bestärkt und erfüllt fühlt, die ihn, wenn er ihn verläßt, eine eigenartige Bereicherung empfinden läßt.

Das ist natürlich ein Idealbild, dessen Verwirklichung aber möglich ist, vorausgesetzt, daß es selbst zum „Alltag als Übung" gehört. Man muß dieses Idealbild einmal wirklich ernst genommen haben. An sich müßte der Mensch sich so entwickeln, daß, angefangen von seiner Weise, da zu sein, angefangen von dem, was von ihm ausgeht, auch wenn er nichts tut, nichts sagt, bis hin zur konkreten Handlung, in der er irgendeinen Gegenstand in die Hand nimmt und behandelt oder mit einem Menschen spricht und ihm etwas mitteilt – der Weise, wie er sich einer Pflanze zuwendet, wie er ein Tier streichelt –, daß dies alles Gelegenheiten sind, das ganz Andere, das wir im Grunde sind, durch uns hindurchzulassen in die Welt.

Wo eine Gruppe von Menschen so leben würde, daß ihr das eben Gesagte zum Grundgesetz des Lebens wird, wäre ein Raum in der Welt, in dem etwas Besonderes geschieht, in dem wirklich das Göttliche in besonderer Weise in die Welt träte und etwas Segensvolles sich dort ereignete, etwas, das, wenngleich es unsichtbar ist, doch als Atmosphäre, als Stimmung jedem bewußt würde, zumindest jeden als etwas Eigenartiges berühren würde, der in die Gemeinschaft solcher Menschen tritt, die in dieser Weise die praesentia Dei in der Welt üben und in die Welt hineinstrahlen. Im Grunde sollte das ganz selbstverständlich die Atmosphäre aller Religionsgemeinschaften oder der sich von ihrer Gottbezogenheit her motivierenden Gemeinschaften sein. Unsere Zeit ist reich an jungen Gemeinschaften, deren Glieder sich letztlich als Gottesdiener fühlen und bewähren möchten.

Natürlich gibt es die besondere Übung, wie beispielsweise das, was man – in welchem Sinn auch immer – Meditation nennt. Nehmen wir das uns geläufige Za-Zen, so ist das ganze Za-Zen eigentlich die Einübung einer Haltung, in der wir dann ohne Bemühen in Fühlung kommen mit dem ganz Anderen, und je getreuer wir üben, desto mehr von ihm durchwirkt werden in einer Weise, die in den Alltag hineinwirkt. Der Zeuge der Transzendenz im Alltag ist die Frucht echter Übung, die einfach als Atmosphäre durch uns hindurch geht und alles, was uns umgibt – den Menschen, mit dem wir gerade sprechen, die Sache, mit der wir es soeben zu tun haben –, all das zu einem Resonanzboden macht für eine Stimme, die aus dem Überweltlichen, dem Göttlichen kommt. Immerzu werden wir angerufen, immerzu werden wir gerufen, immerzu werden wir zu etwas Bestimmtem bestimmt, immerzu sind wir eigentlich als Diener einer anderen Dimension gemeint und sollten uns dessen mehr und mehr bewußt werden. Immerzu haben wir Gelegenheit, etwas von dem Überweltlichen in die Welt zu tragen, und gerade unsere Zeit hat das bitter nötig. Die Menschen sind in einem Ausmaß verloren in ihrem gegenständlichen Tun, das ihrem Welt-Ich dient oder auch Freude macht, daß sie völlig vergessen, daß sie in jedem Augenblick zugleich Zeugnis ablegen können von dem ganz Anderen und dadurch keinerlei Einbuße erleiden müssen an dem, was ihnen als Weltkindern Freude macht oder zur Aufgabe gesetzt ist. Im Gegenteil: welche Freude auch immer, sei es der Genuß eines guten Essens, sei es das Tanzen, das miteinander Lachen, das miteinander Frohsein, eine gemeinsame Wanderung – all das kann durchwirkt sein von einer alle verbindenden Präsenz des Überweltlichen und dadurch selbst an Bedeutung, an Tiefe, auch an Möglichkeit, etwas Besonderes zu erleben, gewinnen.

Transzendenz als Präsenz des Göttlichen in unserem augenblicklichen Dasein kann durch vielerlei verstellt sein. Einfach durch eine Zerstreutheit, durch ganz einseitige Bezogenheit auf die Welt und das, was uns das tägliche Dasein an Aufgaben auferlegt oder aufzwingt. Doch kann man schon solche täglichen Aufgaben zu einer Übung machen, etwa schon das morgendliche Waschen. Ich weiß, daß für meinen alten Lehrer Admiral Teramoto in Japan das Rasieren zu einem Exerzitium geworden war, indem er jede Bewegung eingebunden hatte in eine Folge, die dann wie eine Übung, ein Exerzitium, absolviert wurde. So kann man immer mehr sich wiederholende Tätigkeiten des Tages zu einem Exerzitium machen, so daß jede zu einer Bekundung des immanenten Seins wird.

So wie wir im Za-Zen vom ersten Augenblick an in voller Bewußtheit da sein müssen, uns im Leibe spüren, im Raum des Seelischen in der entsprechenden Stimmung halten müssen und, was unser gegenständliches Bewußtsein betrifft, das, was uns an Bildern und Gedanken bewegt, unter Kontrolle halten müssen – so müßte der Tag als ganzer in der Dauerfühlung mit der anderen Dimension gelebt werden. Die Frage ist, was wir dazu tun können, um uns darin zu üben. Wir können uns dessen bewußt sein, daß, indem wir dem Überweltlichen zugewandt sind, unsere Zugewandtheit zum Weltlichen deswegen nicht geringer zu sein braucht. Jede Tätigkeit, die wir in der Welt üben, kann nur gewinnen, wenn wir sie zu gleicher Zeit im Dienst des ganz Anderen tun. Das ist das Wort, vielleicht das Wort, das wir im Dienst der Transzendenz leben müssen, und das heißt eigentlich, alles, was wir tun, zugleich als Zeuge des ganz Anderen zu tun. Dazu gehört Verschiedenes. Es gehört vor allem eine bestimmte Disziplin dazu. Das erste, etwas im Zeichen der Transzendenz zu tun, ist, daß es mit Sorgfalt und möglichst vollendet geschieht und daß man sich jeglicher Abweichung von der geforderten Haltung bewußt wird. So wird zur Grundtugend der rechten Haltung im Alltag die Wachsamkeit.

Vieles bedarf, damit es Zeugnis einer in die Sichtbarkeit tretenden Fühlung mit der Transzendenz wird, langer Übung. Nehmen wir eine Sportart, in der bestimmte Bewegungen schließlich gekonnt sein müssen.

Das bedarf tatsächlich einer langen Übung, um dann einmal einen Leistungsablauf aufzuweisen, der als solcher geladen ist mit einer Qualität der Transzendenz. Transzendenz als Erfahrung, die hier gemacht wird, hätte dann also die Einübung eines Könnens zur Voraussetzung, weil dann das kleine Ich nicht mehr mit seinem besonderen Bemühen beteiligt zu sein braucht. So ist auch die japanische Weisung zu verstehen, daß die Vollendung einer Technik sich letztlich nicht nur in einer ungewöhnlichen Leistung erfüllt, sondern in einem Schritt vorwärts auf dem inneren Weg.

Eine Gefahr, die hier auftauchen kann, besteht darin, daß sich jemand in einer besonderen und, wie er glaubt, der Transzendenz gemäßen Weise verhält, die aber in einer Verhärtung zum Krampf wird. Wir sehen bisweilen Priester, die die Übung, Zeuge des Göttlichen auch in der Bewegung zu sein, in einer Weise vollziehen, die Unbehagen auslöst. Sie kommen „fromm" daher, den Kopf leicht nach einer Seite geneigt, heiligmäßig wirken wollend, aber sie sind es nicht. Es gibt andere, die ganz natürlich sind, offensichtlich gar nicht daran denken, irgendwie wirken zu müssen, sich irgendwie verhalten zu müssen, aber gerade in der Reinheit ihrer Ausstrahlung zugleich Zeugen des Überweltlichen sind. Vielleicht kann man sagen, daß der Mensch in dem Maße, als er die natürlichen Gesetze menschlichen Verhaltens wirklich erfüllt, sich ihnen gemäß bewegt und verhält, er immer auch Zeuge der Transzendenz ist. Dann liegt die Bezeugung der Transzendenz bereits in der ichfreien Weise des Sich-Verhaltens.

Man kann sich dessen bewußt werden, daß man eigentlich in jedem Augenblick einer gewissen Wachsamkeit bedarf, die einen verhindert, einfach – ich kann es nicht anders sagen – schlampig da zu sein, ohne Respekt vor dem, was jetzt in diesem Augenblick als Zeugnis einer Präsenz des Anderen möglich wäre ohne Krampf. Es ist ja nicht so, daß das die gerunzelte Stirn erforderte oder den steifen Gang, sondern im Gegenteil: ich glaube, je mehr der Mensch aus der Mitte des ihm immanenten Göttlichen lebt, seine Bewegungen natürlicher werden, seine Stimme klarer und einfacher, seine Worte plastischer. Und in dem Maße, als er mit Selbstverständlichkeit die Fühlung zum ganz Anderen behält, wird das Diesseitige Ausdruck einer höheren Dimension und damit selbst als Diesseitiges plastischer. Die Farben, die wir in der Welt sehen, werden leuchtender, die Töne, die wir hören, klingender, die Worte, die wir sagen, inhaltsvoller, tiefer, die Sprache, deren wir uns bedienen, wird anders in dem Maße, als wir in einer Disziplin leben, die dem Göttlichen dient, zugleich aber das Natürliche in seiner optimalen Gestalt zum Ausdruck bringt. Das ist ja das Geheimnis, daß das Göttliche nicht da anfängt, wo das Weltliche aufhört, sondern daß umgekehrt das Weltliche erst wirklich zu dem wird, was es eigentlich ist und als was es gemeint ist, wenn es zu einem Ausdruck des Göttlichen wird. Hier gibt es so viele ganz einfache Dinge zu lernen. Am Anfang steht immer die Weise, wie der Mensch sich in der Welt hält und verhält, die Weise, wie er steht, wie er geht, wie er sich bewegt – all das hat seine ganz bestimmte Mitte zwischen Lässigkeit und Krampf, zwischen zu langsam und zu schnell. Es gibt für jeden Menschen sein ganz bestimmtes Tempo für alles, ein bestimmtes Maß an Kraft, das angemessen ist. Es gibt ein objektiv Richtiges, das zu gleicher Zeit dann die Weise ist, in der sich das Überweltliche in einer weltlichen Form, in einer weltlichen Handlung in natürlicher Weise äußert.

Es wird auf dem Wege, den wir meinen, immer wichtiger, das Überweltliche im Gewande des Natürlichen wahrzunehmen. Gott erscheint in der Natur, wo sie ganz Natur sein darf und nicht in ihrem natürlichen Werden gehindert oder übersteigert wird. In der Welt der Dinge, der Pflanzen, der Tiere wird die natürliche Entwicklung zur vollendeten Form nur durch äußere Unfälle, durch äußere Ereignisse gestört. Der Mensch aber stört die gradlinige Verwirklichung seines Lebens, die eigentlich gemeinte Sprache, die eigentlich gemeinte Bewegung durch die Eigenwilligkeit seines Welt-Ichs, wo es dem Welt-Ich nicht gelingt, die äußeren Bedingungen für die rechte Entwicklung aus dem Wesen zu schaffen. Es dauert lange, bis ein Mensch hellhörig wird für die Forderung, was immer er tut, im Einklang mit seinem Wesen zu tun. Als das bewußte Ich hat er in jeder Situation die Aufgabe, die Bedingungen zu schaffen, unter denen das WESEN in Erscheinung treten kann. So ist, generell gesprochen, der Sinn der Ratio, dem Nicht-Rationalen Lebensraum zu schaffen. Es geht immer um eine bestimmte Präsenz. Und die rechte Präsenz ist die, daß der Mensch das in die Welt Tretende ganz selbstverständlich in gleichzeitiger Verbundenheit mit dem Überweltlichen darlebt.

Die Fühlung mit der Transzendenz ist der Sinn jeglicher geistlichen Übung. Sie dient dazu, den Menschen aus einer banalen Haltung, die jeder Tiefe und jeden Glanzes entbehrt, herauszuheben und so an sein Wesen anzuschließen, daß dieses in einer besonderen Gesamtqualität des Erlebens erfahren wird.

Im Za-Zen geht es letzten Endes um das Innewerden des Wesens, und dies in einem Ausmaß und einer Konstanz, die schließlich den ganzen Menschen verwandelt. Er wird als der Mensch in der Welt kraft der ständig wiederholten Übung zu einem Zeugen des Überweltlichen in der Welt. Der Zen-Meister ist eine leibhaftige Verkörperung der Transzendenz. Ist er wirklich ein Meister, dann geht der Glanz des Überweltlichen nicht nur dann von ihm aus, wenn er sich selbst im Za-Zen befindet, sondern, durch die Übung verwandelt, bleibt er der spürbare Zeuge auch im alltäglichen Dasein. Das Za-Zen ist die Übung, das abzubauen, was der Erfahrung des WESENS im Wege steht, und das zuzulassen und fortschreitend zu entwickeln, was die Erfahrung und Bezeugung der Transzendenz in der Welt ermöglicht. Das auch ist der Sinn aller uns vom Osten zukommenden Übungen. Nicht nur das Za-Zen gehört hierher, sondern ebenso das T'ai-Chi, das Kinomichi (Aikido), das Bogenschießen, das Schwertfechten, die Teezeremonie, das Ikebana (Blumenstecken). Das alles sind Übungen, die stets die bis zur Vollendung führende Einübung einer Technik zum Inhalt haben, wobei die Vollendung der Technik die Manifestation des Überweltlichen in einer bestimmten Bewegungsfolge oder auch einem sichtbaren Werk ermöglicht. Dabei kann unterschieden werden zwischen dem, was der Übende selbst erfährt – in dem Augenblick beispielsweise, wo beim Bogenschießen der Pfeil sich von der Sehne löst – von dem, was sichtbar nach außen tritt, so daß auch ein anderer beim Anblick davon betroffen werden kann.

Was uns hier aus dem Osten gebracht wird, ist nicht dem Menschen des Ostens vorbehalten, sondern öffnet auch dem Menschen des Westens eine Dimension der Übung, für die nicht nur die sichtbare oder meßbare Leistung das Kriterium für das Maß ihrer Vollendung ist, sondern die Tiefe des mit ihr verbundenen Erlebens.

Transzendenz als Erscheinung meint das Vollkommene, wobei das Vollkommene aber nicht einem vom Menschen gesetzten Maß entspricht, wo eine vollkommene Bewegung die natürliche Bewegung hinter sich läßt, sondern das Vollendete ist das, was wirklich nichts anderes bezeugt als das vom WESEN Gemeinte.

Nachweis der Erstveröffentlichung

Alle bereits publizierten Beiträge wurden für diesen Band eigens überarbeitet.

I. Religiöse Erfahrung – Voraussetzung fruchtbaren Gesprächs:
Synopse. Beiträge zum Gespräch der Theologie mit ihren Nachbarwissenschaften (Darmstadt: Wissenschaftliche Buchgesellschaft 1975), S. 53–64 (Religiöse Erfahrung als Voraussetzung fruchtbaren Gesprächs).

II. Werk der Übung – Geschenk der Gnade:
Geist und Leben, 45. Jahrgang (Würzburg: Echter 1972), S. 363–382.

III. Vom initiatischen Weg:
Geist und Leben, 50. Jahrgang (Würzburg: Echter 1977), S. 458–467.

IV. Begegnung des Westens mit dem Geist des Ostens:
Indo Asia, Heft 2 (Tübingen: Erdmann 1975), S. 114–124 (Der östliche Einfluß auf die jüngste Entwicklung der westlichen Geistigkeit).

V. Vom Sinn und Wert östlicher Übungen:
Psyche, 4. Jahrgang (Heidelberg: Lambert Schneider 1950), S. 11–19.

VI. Heilung von Wesen zu Wesen:
Der Psychologe, Heft 7/8, Band VI (Schwarzenburg: GBS-Verlag 1954), S. 248–254.

VII. Regression und Durchbruch zum wahren Selbst:
Praxis der Psychotherapie, Heft 3, Band XV (Heidelberg: Springer 1970), S. 107–121 (Das Problem der Regression auf dem Weg zum wahren Selbst. Initiatische Therapie).

VIII. Das Leiden im Lichte der Initiatischen Therapie:
Jahrbuch für Yoga-Prana (München: O. W. Barth 1981), S. 11–23 (Die Initiatische Therapie und das Leiden).

IX. Alt werden – Zeit der Verwandlung:
H. Petzold – E. Bubolz (Hrsg.), Psychotherapie mit alten Menschen (Paderborn: Junfermann 1979), S. 21–38.

X. Transzendenz als Erfahrung:
Erstveröffentlichung.

Veröffentlichungen des Verfassers

Japan und die Kultur der Stille (Weilheim: O. W. Barth 1950, ^{7}1981).

Im Zeichen der Großen Erfahrung. Studien zu einer metaphysischen Anthropologie (Weilheim: O. W. Barth 1950; 3., vom Verfasser neu bearbeitete Ausgabe, München 1982).

Durchbruch zum Wesen. Aufsätze und Vorträge (Bern: Hans Huber 1954, ^{7}1982).

Erlebnis und Wandlung. Neue Aufsätze und Vorträge (München: O. W. Barth, erweiterte Neuausgabe ^{2}1982).

Hara. Die Erdmitte des Menschen (Weilheim-München: O. W. Barth ^{9}1981).

Der Alltag als Übung. Vom Weg zur Verwandlung (Bern: Hans Huber 1970, ^{7}1983).

Zen und wir (Weilheim: O. W. Barth 1961; 3., erweiterte Aufl., München 1982).

Wunderbare Katze und andere Zen-Texte (Weilheim: O. W. Barth 1964, München ^{5}1982).

Sportliche Leistung – Menschliche Reife (Frankfurt a. M.: Wilhelm Limpert ^{3}1969) (vergriffen).

Überweltliches Leben in der Welt. Der Sinn der Mündigkeit (Weilheim: O. W. Barth 1968, ^{2}1972) (vergriffen).

Der Ruf nach dem Meister. Der Meister in uns (Weilheim: O. W. Barth 1972, München ²1974 [vergriffen]; München: Heyne 1983 [Heyne-Taschenbuch]).

Der Mensch im Spiegel der Hand. In Zusammenarbeit mit Ursula v. Mangoldt (Weilheim: O. W. Barth ²1966) (vergriffen).

Transzendenz als Erfahrung. Beitrag und Widerhall. Festschrift zum 70. Geburtstag von Graf Dürckheim. Hrsg. von Maria Hippius (Weilheim: O. W. Barth 1966) (vergriffen).

Der Weg, die Wahrheit, das Leben. Erfahrungen auf dem Weg zur Selbstfindung. Gespräche über das Sein mit Alphonse Goettmann (München: O. W. Barth ⁴1984).

Vom doppelten Ursprung des Menschen. Als Verheißung, Erfahrung, Auftrag (Freiburg i. Br.: Herder 1973, ⁸1984 [Herderbücherei, Bd. 480]).

Meditieren – wozu und wie. Die Wende zum Initiatischen (Freiburg i. Br.: Herder 1976, ⁷1983).

Mächtigkeit, Rang und Stufe des Menschen (Freiburg i. Br.: Aurum 1978, ²1983).

Übung des Leibes auf dem inneren Weg (München: Martin Lurz 1978, ²1981).

Der zielfreie Weg. Im Kraftfeld initiatischer Therapie. Hrsg. von K. Graf Dürckheim (Freiburg i. Br.: Herder 1982).